"五"国家重点出版物出版规划项目

12

印象雅典

一带一路百城记·海洋新知科普丛书

陶红亮 主编

冰河插画 李伟 绘画

海洋出版社

图书在版编目（CIP）数据

印象雅典 / 陶红亮主编；李伟绘画 . —北京：海洋出版社，2018.5（2025 年 1 月重印）
（一带一路百城记 . 海洋新知科普丛书）
ISBN 978-7- 5210-0087-0

Ⅰ . ①印… Ⅱ . ①陶… ②李… Ⅲ . ①雅典 – 概况 Ⅳ . ① K954.5

中国版本图书馆 CIP 数据核字（2018）第 069860 号

印象雅典

总 策 划	刘 斌	发 行 部	（010）62100090
策划编辑	刘 斌	总 编 室	（010）62100034
责任印制	安 淼	网 址	www.oceanpress.com.cn
排 版	童 虎·设计室	承 印	侨友印刷（河北）有限公司
		版 次	2018 年 5 月第 1 版
出版发行	海洋出版社		2025 年 1 月第 2 次印刷
		开 本	787mm×1092mm 1/16
地 址	北京市海淀区大慧寺路 8 号	印 张	10.5
	100081	字 数	252 千字
经 销	新华书店	定 价	72.00 元

本书如有印、装质量问题可与发行部调换

2000多年前，一群商人赶着骆驼从西安出发，一路向西，最远抵达地中海；同时，在广东的徐闻港，商人们先祭拜海神，随后扬帆出海。后来，人们将这些连接东西方的通道统称为"丝绸之路"。通过丝绸之路，中国的文明之风吹向世界各地。2000多年后，习近平总书记提出"一带一路"倡议，即共建丝绸之路经济带和21世纪海上丝绸之路，旨在"借用古代丝绸之路的历史符号，高举和平发展的旗帜，积极发展与沿线国家的经济合作伙伴关系，共同打造政治互信、经济融合、文化包容的利益共同体、命运共同体和责任共同体"。

千百年来，中国秉持"和平合作，开放包容，互学互鉴，互利共赢"的理念，和丝绸之路沿线国家进行平等的经济、文化交流。比如：明朝航海家郑和率领当时世界最大的远洋船队先后七下西洋，航迹遍布亚非，除了带去精美的手工制品外，还将先进的中华文化远播海外。

古代丝绸之路不仅推动了沿线各国的经济发展，还将中华文化带到了异国他乡。欧洲各国的贵族曾将中国瓷器视为外交礼品，阿拉伯国家的工匠结合中国瓷器工艺制造出了波斯瓷器。日本掀起过一股"弘仁茶风"，贵族将模仿中国人品茶视为一种风尚。无数西方人前往中国，泉州就曾因"南海蕃舶"常到，出现了"市井十洲人"的盛况。

如今，丝绸之路上不再有载满货物的骆驼。取而代之的，是丝绸之路经济带纵横交错的铁路网，

以及21世纪海上丝绸之路上络绎不绝的集装箱货轮。古代丝绸之路的先行者早已作古，秉承先人精神的建设者们正在发挥自己的光和热。

"一带一路"倡议自提出后，就受到沿线国家的高度赞扬和支持。在经济全球化的今天，"一带一路"不仅赋予了古代丝绸之路新的内涵，还为沿线各国提供了新的机遇。

为了使人们更加深刻地理解丝路精神，我们组织相关学者共同编写了这套《一带一路百城记》。以优美的文字和水彩绘画结合的形式，艺术化地展现"一带一路"节点城市及所在国家和地区与丝绸之路相关的方方面面，包括丝路遗迹、风景名胜、文化历史、风俗习惯、物产资源等，形成对"一带一路"的完整展示，最终实现一部"唯美的一带一路静态影片"。

希望读者在阅读完这套书后，能够更深刻理解"一带一路"的意涵，对"一带一路"沿线城市有更多的感性认识，不再将其看作一个遥远的符号。

寻找沉浸千年的古韵

古希腊神话中有这样一个故事：人们在爱琴海边建造了一座新城，智慧女神雅典娜爱上了这座城，想成为这里的保护神，谁料海神波塞冬也想得到这座城的归属权，他们谁也不愿退让。宙斯给他们出了一道题：谁能拿出对人类最有用的东西，谁就能成为新城的保护神。

波塞冬敲击岩石，岩石中跑出了一匹战马。雅典娜轻轻敲击岩石，只见从石头缝中生长出一株象征和平和丰收的橄榄树。人们为橄榄树欢呼，最终雅典娜成了这座新城的保护神。这座被雅典娜保护的城市，就是希腊的首都：雅典。

雅典到处都是这样古老的神话故事，虽然城中的古迹大多坍塌，浮雕也被腐蚀得看不出原来的图案，但是从那些巍峨的石柱、无处不在的神话故事中，人们还是能够感受到这座拥有3000多年历史的城市古老的韵味。

在阿塔罗斯柱廊中发呆，看往来人潮如织，听人们讨论时下最流行的话题，又有谁会想到古希腊哲学家曾在这里举行辩论比赛，亚里士多德、苏格拉底、柏拉图这三位西方哲学的代表人物曾在这里为学生讲课。

酒神剧场是雅典保存相对完好的剧场，但是站在这座剧场里，人们还是会感觉到一种颓废和破败感。从石头缝中长出的杂草、七倒八歪的石头椅子，都在向人们传递这样一个信息：这里早已废弃。然而，在看到最前排的靠背椅子和舞台后方的浮雕时，人

们依然能想象出，当《俄狄浦斯王》等作品在此上演时，这个能容纳一万七千人的剧场是何等的热闹。

在城中闲逛时，游客或许会感叹一声繁华不再，尤其是在他们看到城中狭窄的道路和大门紧闭的时装店后，这种感觉会更加强烈。然而，若是他们能细心地寻找一下，便能发现那无处不在的古韵。这种古韵，不仅仅来自雅典卫城中屹立的石柱，或博物馆中精美的人物雕塑，还来自玻璃窗后的古希腊瓶画和希腊人头上的精美饰品。

去雅典逛一逛吧，在这座城市中，古希腊的影子无处不在。

第三章 残存在城市里的印记

第四章 感受街头巷尾的历史余韵

第五章 那些古老又神秘的建筑

第六章　刷新雅典历史的名人

第七章　独属于雅典的地方风物

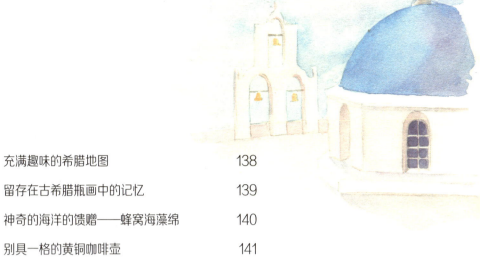

第八章 雅典的美食，地中海的味道

第一章

海上丝绸之路上的雅典

这是一个古老的城市，3000多年的历史让这个城市拥有了独特的文化。人们沉浸在这座城市的蓝顶白墙中，徜徉在各具特色的博物馆里，却没有发现，早在1000多年前，中国人就曾经来过这里。

是的，雅典是古代海上丝绸之路的节点城市。中国的丝绸和瓷器曾越过重洋，走进雅典人的俗世生活。

如今，在中国和希腊两国政府和人民的努力下，这条曾经联结中国、希腊的丝绸之路焕发出新的光彩。

海上丝绸之路的重要枢纽——雅典

这 是一个古老的城市，也是一个写满了故事的城市。

雅典是西方文明的摇篮和民主的起源地，3000 多年的悠久历史使这个城市拥有着不一样的文化、不一样的特色。这种独特的韵味，让雅典在众多的城市中脱颖而出，成为人们心目中此生必去的城市。

古代的雅典，其文化、经济、政治高度发达，与外界的交流也非常频繁。在这特殊的时代背景下，雅典成了海上丝绸之路上的一个重要交通枢纽。

在当时，人们从遥远的东方出发，克服无数的艰难险阻，来到这里。这是一个美丽的地方，中国商人立刻就被当地的蓝天白云，以及有特色的民居吸引住了。而那巧夺天工的瓷器、精致细腻的丝绸，也成了当地人心中的珍宝。

如今，雅典成了一个旅游胜地。历史上遗留下来的令人惊叹的建筑物，以及那独特的历史韵味，吸引着来自世界各地的游客们。

这里有许多古老的建筑物等待着人们去探索，一个个精美的雕塑作品等待人们来欣赏，各式各样的博物馆展示着属于自己的独特的魅力。这是一个文化底蕴充沛饱满的城市。

雅典是个多彩的城市。游艇和轮船在岛之间的海峡里不断地穿梭，这是属于这里的特别的交通方式。这里的海滩，还在用自己美丽的姿态迎接着更多的全新的文化，用自己的风姿，向人们诉说着那段辉煌的历史。

这座古老的城市，在不断成长、不断进步的过程中，又一次繁荣起来了。

不断繁荣的比雷埃夫斯港

雅典的外港——比雷埃夫斯港，是希腊最大的港口，也是地中海东部地区最大的港口。

比雷埃夫斯港是可以容纳各种规模集装箱船的天然深水港，这里的航运繁忙，昼夜不停歇，无论你什么时候来到这里，都会看到一派忙碌的景象。这个港口，现在是由中国企业在管理，看着这样一种繁华的景象，让人深感自豪。

这里是希腊最大的进出口中心，不时地有大大小小的船舶来往于这里，带来或者带走一些货物。这看似简单的过程，无形中带动了经济的发展，也渐渐地丰富了人们的生活。

站在远处遥望这个繁忙的海港，不时地有邮轮在鸣笛，声音厚重悠长，虽然不悦耳，却是海港上工作的人们最大的福音。

比雷埃夫斯港，这座具有天然优势的海港在"一带一路"倡议下渐渐繁荣起来，也必将更加繁荣下去。

第二章
爱琴海的独特魅力

　　爱琴海，这个地中海东部的大海湾，似乎离不开浪漫二字。这里虽没有白娘子与许仙的传说，却有湛蓝的海水、如宝石一般的岛屿。

　　去拉加纳斯海滩来一场美丽的邂逅，感受伊兹拉岛的梦幻气息，遥望米其龙士岛的巨大风车，在圣托里尼岛的黑色海水中游泳……这里有太多的美景，也有太多的惊喜。

　　和心爱的人一起去爱琴海吧，即使什么也不做，只是闲坐着，一边看落日，一边喝葡萄酒，也是无上享受。

"冰雪世界"
——圣托里尼岛

说起希腊的小岛，很少有人会忘记圣托里尼岛，因为这个小岛真的太美了。

圣托里尼岛其实由好几个小岛组成，其中最大的岛也称作圣托里尼岛。神奇的大自然赋予了这个小岛无比美丽的风景，但同时也将极大的安全隐患留给了岛上的居民：岛屿的附近就是活火山，历史上火山曾经爆发过，毁掉了这个小岛上的一切。

火山爆发毕竟少见，在大部分的时间里，岛上的居民都生活得和谐安宁，常年与美景相伴。而在环境的熏陶下，这里的人们也变得像这景色一样柔和了。

因为特殊的地理环境，这里还形成了一道著名的自然景观：卡玛里黑海滩。或许希腊最不缺的就是沙滩，但是这个沙滩实在是太有特色了，以至于有人说，不去卡玛里黑沙滩，就不算去过希腊。

顾名思义，卡玛里黑海滩是黑色的。好吧，如果你说黑色的沙滩也没什么稀奇，那么你看过黑色的海水吗？是的，大自然在画这片海水的时候，将黑色颜料当成了蓝色颜料。不过你可千万不要"以貌取人"，这片海水虽然是黑色的，但很干净，也很清凉，据说还有美容的作用。

这片海滩还有丰富的夜生活，不大的海滩上聚集着许多酒吧、餐馆。一入夜，这些娱乐场所就变得格外热闹，黑色的海滩上弥漫着诱人的气氛，人们仿佛置身于一座浪漫的不夜城中。

因为火山的爆发，整个岛屿都被几十米厚的火山灰覆盖，岛屿上的房屋也都建在这些火山灰上。岛上的房屋层级递进，交错的楼梯让小岛的整体建筑很有画面感。岛上的房屋颜色是白色的，包括房屋前的楼梯，甚至路面都是白色的，但它们的屋顶和窗户却是如大海一般的湛蓝。

　　这样的颜色搭配让此处变成了一个冰雪世界，如果不是当地人穿着短裤、长裙，让人真的会有一种在白雪皑皑世界里的感觉。如果恰好在冬天来到希腊，包裹厚实的人们，再搭配上这样的风景，人们大概会以为自己来到了北极。此处空气潮湿，灰尘很少，所以即便是洁白的房屋也很难被岁月腐蚀。

　　圣托里尼岛的伊亚镇建在悬崖上，被认为是世界上观看落日最美的地方，每天都有成千上万来自世界各地的游客来这里享受日落的余晖，在太阳落下的那一瞬间，时间仿佛都停滞了。等到太阳全部都不见了，夜晚降临，家家户户都打开暖黄色的灯，灯光透过窗户露出来，远远看上去，好像一盏盏精致的灯笼。

太阳落下的地方
——凯里小镇

凯里小镇位于扎金索斯岛，距扎金索斯镇只有半个小时的车程，傍晚时分驱车前往凯里小镇，站在海岸观赏日落，是一件很惬意的事情。

这里的视野非常的开阔，站在海岸上可以看到整个海平面。

日落时分，天上的云层特别的厚，阳光透过云层直射到海面上，颇有一种拔剑出鞘的感觉，连海水也变成了太阳的颜色。不一会儿，太阳落了下来，穿过了云层，颜色也变得鲜红。

渐渐地，夕阳的颜色变得柔和了，太阳一点一点坠入海中，慢慢消失不见。或许，太阳是穿过大海，跑到海的另一边去了。

等到太阳把它的最后一丝光线收起来，黑夜就真正的降临了，凯里小镇还是那样喧嚣，小镇上灯火通明，大家尽情享受着燥热褪去之后的清凉。

浪漫的代名词
——沉船湾

这是一个美得不像话的地方，走进这里，人们仿佛走进了一个童话世界。这里的海水比天空还要蓝，人们可以清晰地看到海里的游鱼，幸运的话还能见到海豚。

沉船湾位于扎金索斯岛，是这里最著名的景点之一。1983 年，有一艘走私香烟的船失事在此搁浅，这个地方便得名——"沉船湾"。

面前是大海，身后是峭壁，在岸边还有一艘锈迹斑斑、充满着年代感的轮船，这个地方给人们带来了极大的视觉震撼。

这里的海水清澈，仿佛让人一眼就能望到底。人们可以乘坐带有透明玻璃的游艇出发去寻找海龟，透过硕大的玻璃，可以看见鱼儿悠闲地游来游去。恍惚间，自己好像也成了海洋的一部分。

　　找海龟这种事情是要看运气的。运气好的话，可能会看到许多的海龟成群结队地觅食；运气不好的话，一只都不会出现。但是即使见不到海龟，人们也不会沮丧。毕竟能与大海亲密接触，看成群的鱼儿在自己眼前游来游去，已经足够快乐。

　　在沉船湾的上方有一个观景台。在那里，人们可以把沉船湾的美景尽收眼底。高大的峭壁包围着这片海滩，像一双厚实的臂膀把这片美景保护起来。洁白的沙滩和湛蓝的海水形成了鲜明的对比，海天一色，涌动的海水与蓝天相连，像是要把这片美景淹没。而沙滩上的人们，都像在云朵里睡着了。

　　这里是跳伞爱好者的天堂。从峭壁的制高点上跳下去，美景由远及近地展示在眼前，人们像是落进了这片港湾的怀抱中。

　　这里的海水清澈如镜，如果不是水面上有波纹，真的会让人忍不住踩上去照一照。在这个面积不大的地方，一步一景，眼睛根本休息不了，而人们却没有丝毫疲惫的感觉。

　　在这个让人感到无限美好的海湾中，找一个地方静静地坐着，观赏着美丽的海景，看天上的云朵映在海面上。恍惚中，人们觉得自己好像也躺在云层里了，飘飘欲仙。

　　这是一个浪漫的地方，吸引了许多情侣和新婚夫妇。他们在老铁船前，许下美丽的誓言。老铁船沉默不语，不知承载了多少的爱与愁。

　　逛得累了，就找一处岩石坐下来，安静地等着日落。在海风轻柔的吹拂下，海面上泛起了丝丝的波纹，人们越来越不忍心离开这个地方，只想与天空和大海一起沉睡。

　　傍晚，太阳缓缓落下海平面，鲜红的晚霞映照在海滩上，海面上波光粼粼，充满着年代感的老铁船显得更加的神秘。

海洋里的天堂
——蓝色洞穴

蓝色洞穴就在沉船湾的附近，从沉船湾返回岸边后，在悬崖边眺望，就能看到这个美丽、神奇的地方。

据当地人介绍，这一带的海水中含有特殊的物质，所以这里的海水特别的蓝。蔚蓝的海水，再加上光滑的岩石和海藻，让这个洞穴看起来特别的美。它仿佛一座天然的宫殿，让人赞叹不已。

蓝色洞穴里岩石比水面高出来一部分，有点像一个大的宝座。或许，这里住着一位女王，只不过她外出未归。不知道她会不会介意人们参观了她美丽的宫殿？

此处虽然没有一丝一毫的装饰，但是大自然是最神奇的建造者，这里的一切都是那么的恰到好处，再挑剔的游人也挑不出一丝错来。

从洞穴的外面看起来，这个洞很小，实际它别有洞天。洞内的空间很大，再加上看起来深不见底的海水，使洞穴看起来深不可测。

洞口的岩石挡住了一部分的阳光，阳光无法直射，只能通过水面与光滑的岩石的反射照进洞内。这是一幅奇特的景象，仿佛有隐形的灯悬挂在洞穴之上，只要有人进来，就不停地闪烁，像是在为洞中的生物报警。

虽然洞穴中只有一种颜色，却一点也不单调。深深浅浅的蓝色，都凑到了一起，再加上被海水映成灰蓝色的岩石，美得不像话。

光滑的岩石上面氤氲着水汽，把水面反射上去的阳光再次地折射到水面上，水面上反射出星星点点的蓝光，如梦如幻。

不知道是不是因为这蓝色是冷色，在洞外烈日炎炎，岩石都被太阳烤得发烫时，洞内的这种环境，却能使人感受到丝丝的凉意。

风车之岛

——米其龙士岛

在爱琴海众多的小岛中，米其龙士岛是最安静的。岛上的居民很少，在半年的非旅游季中，这座风光秀美的小岛安静得像是无人区，一派宁静祥和。

风车是这里的标志。广场上的教堂边，高高地矗立着几座风车，利用风车产生动力，使得好几个磨坊日夜运行，这是来自大自然的助力。人们坐在船上，远远地看见这几座风车，就知道米其龙士岛快要到了。

漫步在岛上，你会发现这里的屋顶与别的地方都不一样，这里的屋顶都是用厚重的石板砌成的平顶。我们问过当地的居民才知道，这是因为冬天岛上寒冷风大，只有这种结实的屋顶才能抵御寒风。

傍晚时分，岛上的咖啡厅就热闹起来了。咖啡厅的位置都很好，特别适合看日落，人们聚集到这里，点上一杯浓浓的咖啡，观赏日落，等待夜晚的降临。

花香弥漫的小岛
——波罗斯岛

波罗斯岛并不是一个岛屿，它由卡拉夫里亚和斯费里亚两个小岛组成，一道窄窄的海峡将这两个小岛分开，两座岛之间有桥相连。

乘船去波罗斯岛，远远望去，这个山城岛屿更像是一个度假村，冰淇淋色的房屋由低到高错落有致地排列，一直延伸到钟楼，配着苍翠的树木，生机盎然。

这里的房屋令人赏心悦目，它们没有刻意排列，而是随意地依山而建。清新淡雅的颜色使得房屋显得朴素，却带来了一种别样的韵味。

大部分的民居都集中在较大的卡拉夫里亚岛，斯费里亚岛显得有些空旷，除了可供游玩的海滩和季节性酒店，就是大量的橄榄树和柠檬树。有人说，斯费里亚岛就是一个大型种植园。

这里的橄榄树都有些年头了。它用挺拔的树干、茂密的树叶，骄傲地向人们展示着自己傲人的身姿。站在茂密的树叶下面，一阵风吹来，树叶哗啦啦作响，让人心旷神怡，果然还是来自大自然的音乐最动听。

希腊人挚爱橄榄。对当地人来说，橄榄不仅仅是美味的食物，还是和平的象征。橄榄树在人们的呵护下恣意生长，像一个个被宠溺的孩子，越长越骄纵。

如果 5 月份来到这座岛，就能闻到浓郁的柠檬花香。沁人心脾的香味扑面而来，所有的烦恼和不安都会消失。

在波罗斯岛的野草丛中，还依稀可以看到建于公元前 1500 年的海神波塞冬神庙的痕迹，在树林茂密的山上有一座修道院——佐得波斯修道院，院内有 19 世纪木制的涂着金漆的圣像。

波罗斯岛的环境优美，也没有什么游客，即便坐在路边发一个下午的呆，也不会有人来打扰。不过悠闲地散散步也很好，迎着海风，慢慢地踱着步子，最后站在山城的顶上，看一看大海，尘世的喧嚣都会离你而去。

美丽的邂逅
——拉加纳斯海滩

位于扎金索斯岛南岸的拉加纳斯海滩是度假者的天堂，细软的沙子、清澈的海水、干净的沙滩、无限延伸的滨海栈道，以及偶尔上岸产卵的大海龟，都让人流连忘返。

拉加纳斯海滩是扎金索斯岛最好的海滩，每到旺季，海滩上就挤满了人。提前做过功课的我们，最初并不想来拉加纳斯海滩，因为害怕看到一个被过度开发和消费的海滩。然而，来到拉加纳斯海滩后，我们惊喜地发现，即使名声在外，拉加纳斯海滩依旧保持着自己的淳朴和天真。

拉加纳斯海滩是宁静而悠扬的，虽然海滩上随处可见沙滩椅和太阳伞，但是躺在太阳伞下的人们完全没有作为一个游客的自觉，他们捧着书正看得起劲，似乎将拉加纳斯海滩当成了自家书房。孩子们在蔚蓝色的大海中嬉戏，像是在与螃蟹赛跑。而母亲们一点也不担心孩子，她们正低头欣赏沙滩上的脚印。不是母亲们没有责任心，而是因为岸边的海水很浅，跑出去100米也不过齐腰深。

几艘游艇停在离岸边100多米的地方，那是寻找海龟的探险队。这个海域生活着很多海龟，每到产卵季节，它们就会爬上岸来。那时，拉加纳斯海滩就会显得格外拥挤，游人、小贩和海龟挤成一堆。海龟是最具优势的，凭借着自己庞大的体型，顺利成为这个海滩的统治者。被占了地盘的人类一点都不生气，老老实实地将太阳伞和沙滩椅收起来。毕竟，谁会讨厌这种可爱的动物呢？

我们蹚着海水来到游艇上，跟随船员出海寻找海龟的踪迹。船员和海龟打过很多次交道，没过多久就找到了海龟。看见随海水上下起伏的海龟时，我们忍不住高声欢呼。海龟比我们稳重多了，优哉游哉地游着。过了一会儿，它又开始害羞起来，摆了摆四肢，消失在我们面前。

最温柔的海滩

——香蕉海滩

香蕉海滩以沙滩的柔软舒适而著名，这一带的海滩被蓝色的大海和绿色的植被隔开，而从上空俯瞰，海滩状似香蕉，香蕉海滩也由此得名。

这里的风景优美，海水清澈。天气炎热之时，在这样清澈的海水中尽情地嬉戏，让人心旷神怡。

当然，也有人不为戏水而来。这里的海滩延伸得很长，很适合日光浴。对那些想要小麦色皮肤的人来说，这里是绝佳的度假胜地。

海岸大多被孩子们占领，因为此处水浅，适合嬉戏玩耍。如果想要游泳的话，就需要到距离海滩远一些的地方了。不过在下海之前，你要好好评估一下自己的体力，切不可拿自己的生命冒险。

这是一个温柔的海滩，把自己最美的一面展现给了人们。阳光下的香蕉海滩，一派和谐的景象。

藏在美景里的历史之岛
——埃伊纳岛

埃伊纳岛是一个面积不大的小岛，外表上看起来并不使人惊艳。但是，它已经有很悠久的历史了，是一座很有文化底蕴的小岛，历史上第一批希腊钱币就是在这里铸造的。

从石器时代开始，这座小岛上就有居民了。岛上有一座供奉女神的神庙遗迹，虽然在经历了这么多年的风雨后，神庙已经不再完整，但是遗留下来的石柱及石雕仍然显现出神庙当年的辉煌气势。

相传，这里曾经是宙斯藏匿情妇埃伊纳的地方。当年埃伊纳在此游览美景的时候，神庙还没有修建呢。如今神庙只余几根石柱，美人也早已不见踪影。

如果你以为岛上只有这几块石头可看，那就大错特错了。这里有一个古老的橄榄树种植园，园中郁郁葱葱，生机盎然。这些橄榄树的树龄有多大？当地人也无法确定，只得说："比我爷爷的年龄还大。"

　　前人栽树后人乘凉，这句话十分有道理。即使你没有赶上橄榄树结果的时候，站在茂密的橄榄树下乘凉，也是一件十分惬意的事情。阳光透过树叶洒下斑驳的影子，海风从远处吹来，时光也变得宁静而悠长了。

　　这里距离雅典不远，交通也非常的便利，却没有雅典城里的喧嚣，更多了一份难得的静谧。岛上起伏的小山景色优美，可供入住的酒店也都藏在这些青山绿树当中，别有一番韵味。

火山边的小镇
——仙度云尼岛

这是一个非常小巧的岛屿。在 3500 多年前，这里发生了一次大的火山爆发，巨大的冲击力把岛上震出了一个大洞，再加上海陆板块的移动、挤压，最终这个小岛成了月牙形。

这个岛屿最佳的游玩方式是乘船环岛游，能更好地观赏岛上的风景。这时，你会发现这个岛的周围崖壁竟然是红色的，这与岛上白色的房屋形成了鲜明的对比，那些房屋好像被淹没在火海当中，非常壮观。

在周围的几个小岛中还有一座活火山，火山处于休眠期，可以去看一看。火山岛上寸草不生，火山口的周围布满了黑色的礁石。走近了，甚至还能闻到一股硫黄的味道。岛上居民就居住在这座活火山的附近，竟丝毫也不觉得畏惧，反而把生活过得很安详，这样的生活态度，真值得人们去学习。

　　要想了解这座岛屿，仅站在邮轮上欣赏是不行的，你还得走进它。仙度云尼岛以最美日落而闻名，不过要是来得早了，在岛上随意逛逛也很不错。

　　这个小岛虽然小，但岛上的餐馆却不少。如果你已经品尝过希腊的特色美食，那么这里的美食并不会让你惊艳，不过是穆萨嘎和油炸小鱿鱼这些食物，味道中规中矩，像是不会出错的大家闺秀，美则美矣，却少了一份风情。

　　但这里的葡萄酒让人惊艳。几乎每家餐厅都有自酿的葡萄酒，风味颇佳。夕阳西下之时，坐在露天餐厅中，看着夕阳为大海披上一件金黄色的外衣，喝一口葡萄酒，没有人不会爱上这座小岛。

童话城堡——伊兹拉岛

伊 兹拉岛是一座可爱的小岛，距雅典有 3 个小时的航程。从地图上看，这是一个细长的岛，这种奇特的形状，让人们在抵达这里之前，就对这座小岛有了不一样的期待。

这里的屋顶是彩色的。当地人用颜色各异的石头，搭出了独具一格的屋顶。这些五彩斑斓的屋顶，为这座小岛增添了一丝梦幻色彩，就像是一个童话故事里的小镇。

更令人惊奇的是，岛上的路竟然是石头铺成的，这里可没有柏油马路。在这里，你别想坐汽车或者其他带轮子的交通工具了。想好好逛逛这个童话城堡，就只能步行。

哦，不！这里还是有一种交通工具：毛驴。

看到这些可爱的毛驴，游客大约会从心底生出疑问：当地人是不是故意不修路，用毛驴来吸引顾客？实际上，从这个小岛有人居住开始，毛驴就出现了。骑着毛驴逛街，是岛民的生活方式。

来到这座岛屿，你会看到这样一幅画面：毛驴载着游人在小巷里悠闲地晃来晃去，为了避免弄脏游客们的衣服，岛民们还为毛驴穿上了特制的衣裳。白色的墙、蓝色的窗、彩色的屋顶、穿着衣服的毛驴，这座小岛越发有趣了。

岛民的生活也富有情趣，他们大多都有自己的小院，在小院里种着各种各样的植物。在鲜花盛开的季节，小花会从小院的篱笆墙里探出来，撩拨着游客们的心弦，小动物们则在花间窜来窜去，生机盎然。

　　这座不规则的细长的岛屿，有许多深入岛内的海湾，这些海湾和河口就像是天然泳池，而民居像是别墅。

　　这些海湾都是公共的，来此处游泳是一件颇为惬意的事情。大部分人选择去不远处的海滩游泳，所以这里完全是属于你一个人的。来到这座陌生的岛屿，竟有了一个专属于自己的泳池，不可谓不惊喜。

　　沿着海岸游泳，不久就能看到大海。大海宽阔而浩瀚，它隐匿了一切，也包容了所有。再烦恼的人，在见到大海的那一刻，也会有种守得云开见月明的感觉吧。这时，旅途中的疲惫都会随风而逝。

　　在此处游览时，人们也许会生出这样一个念头：这一切都是真实的吗？这里没有现代化的交通工具，没有钢筋水泥，只有石子路、毛驴，以及平凡而安详的当地人。这一切，的确会让人产生一种穿越到童话世界的错觉，但那枝伸出墙头的月桂、那只在灌木丛中跑来跑去的小狗，又都在告诉人们：这是真实的，不必怀疑。

第三章

残存在城市里的印记

应该如何游览雅典？诚然，美丽的爱琴海是不能被错过的，但你也不要忘记品味这座城市的悠长韵味。

国家考古博物馆中各式各样的黄金饰品、手稿博物馆中大作家们的真迹、古代市场博物馆中被复原的古商场……都能让你更加了解这个城市。

走进这些历史气息满满的建筑，你会发现，雅典这个流转千年时光的城市，正在对你说："我有故事，你有葡萄酒吗？"

饱含历史印记
的宪法广场

这里一定是市区的中心了。从国际机场来的巴士停驻在这里，旅游服务中心、航空公司、咖啡店及旅行社都聚集在此，好不热闹。宪法广场历史悠久，因1843年希腊最初的宪法在这里颁布而得名。这里的每一块石板都布满了岁月的痕迹，它们在与游客们无声地交流，倾诉那些年的经历。

站在这样一个承载着历史的广场上，心里有一种说不出的感受。如今人来人往、热闹非凡的广场，百余年前又是什么样子的？

广场上人群聚集，有些重要的活动也会在此举行。这个位于市区中心的广场，永远都人声鼎沸，仿佛从来也没有安静过。

最让人难忘的环节就是换岗仪式，正点时分，纪念碑前就会被围得水泄不通。士兵们身着极具地方特色的服饰：带黑色长流苏的猩红军帽、毛料男士裙、白色毛料长袜、黑色流苏膝带、配黑色绒球的红色鞋子。这独特的希腊民族服饰，再加上士兵们优美的步伐，让这个仪式庄严又富有美感。

即使没有仪式，这里也不会缺少游客。那些背着大型旅行包的人，也不顾自己肩上沉重的"负担"，正笑眯眯地举着自拍杆照相呢。那些带着孩子的游客，一手举着相机，想捕捉孩子的笑脸；一手拿着卷饼——这是他们来到希腊的第一餐。

当地人也喜欢到这个广场散步。不过与行色匆匆的游客相比，他们显得悠闲多了，他们拿着一杯咖啡，闲坐在阴影处聊天。恋人们喜欢选在此处碰面，碰面时，恋人们总要紧紧拥抱，或者深情一吻。这时，广场上满是甜蜜的气氛。

最受人们欢迎的应该是在广场上追逐嬉戏的鸽子。这些鸽子与当地人的性格有些相似——热情而友好。它们不怕游人，常常落到人们的头上、肩上。

　　这样可爱的小生灵，怎么不惹人疼爱呢？于是，游客将自己的午饭贡献了出来。午饭已下肚的人，就去附近商铺里买果仁。总而言之，游客是舍不得让这些鸽子饿肚子的。

　　经过多年来不断地修缮加固，加上周围现代化的建筑物，使宪法广场看起来不像是一个古老的广场。它与周围的建筑物融合在一起，成了这个城市的"客厅"。

　　只有那些来自古时的石头不断地提醒着人们这座广场的历史，阳光打在被磨得光滑的大理石地面上，散发着金黄的柔和的光，热闹的宪法广场上呈现出一幅美好而和谐的景象。

永远的英雄
——无名烈士纪念碑

这座纪念碑建于 1928 年，碑的中央雕刻着一位战士，他头戴着厚重的盔甲，手里紧握盾牌，卧在疆场上。浮雕两边镌刻着公元 5 世纪一位希腊政治家的名言："这里是全世界杰出战士之墓""是安放无名战士的灵床"，两边还有与希腊发生过战事的国家名字。

雅典这座美丽的城市，曾经被外来侵略者统治了 400 年。希腊人想要从侵略者手中夺回主权，所以他们一次又一次地进行反抗。最终他们取得了胜利——以鲜血和牺牲作为代价。

为了让自己的子孙和平安宁地过日子，他们付出了所有。毫不夸张地说，那些牺牲的士兵是这个城市的英雄，然而大多数英雄却连一个名字也没留下。

为了慰藉这些无名英雄的亡灵，希腊人建造了这座纪念碑。纪念碑由步兵团看守，他们都是经过层层选拔挑选出来的精英，被称为"精锐步兵团"。历史是不能被遗忘的，当希腊人来到这里时，他们总会收起脸上的笑容，放轻步子，庄严肃穆地祭奠那些无名英雄。

见证雅典历史的地标
——卫城

如今再去雅典，看到的就是新的卫城博物馆了！新馆的面积有 14 000 平方米，是旧馆的 10 倍。这个博物馆是完全现代化的建筑，到处都是现代化的元素。

博物馆里最引人注目的设计是玻璃走廊，这条玻璃走廊让空间显得更加通透，也为整个场馆引来了更多的自然光，让馆中的艺术品都沐浴在温暖的光辉中。更神奇的是，站在这条玻璃走廊里，人们能 360 度无死角地欣赏不远处的帕特农神庙以及雅典全城风貌。

　　这曾是一座辉煌无比的建筑物，风雨的侵蚀使它渐渐变得破败，然而在后人的努力之下，它又重新变得壮大起来，拥有了不一样的风采。

　　这是一个全新的博物馆，但又处处体现着旧的卫城的威严。它展现了一种崭新的风格，为人们呈现出了一派和谐的景象。走在这样的博物馆当中，是一件很有意思的事情。现代与古老的碰撞，不仅给人们视觉上的冲击，也给人们以心灵上的震撼。

　　在感叹场馆设计巧妙的同时，人们或许会生出一个小小的疑惑：这么大的场馆，每一处都那么简约。那么，供应场馆日常所需水电的设备，以及为游客提供服务的区域又在哪里？

　　其实，答案就在你的眼前。在支撑场馆的众多混凝土柱子中，就藏着所有的设备和服务区。这些柱子是由长方形和三角形立面构成的三层建筑，它与帕特农神庙的结构完全相同，不仔细观察，真的很难发现其中的奥妙。

　　走进这样一座博物馆，人们不仅能了解雅典古代文化，还能享受现代科技的成果。观赏着场馆里的雕塑，感受新老建筑的融合，仿佛在不同的时空里穿越。这种感觉妙不可言。

　　这座建在雅典最高处的建筑物，俯瞰着雅典的全城，它见证了雅典的盛与衰，见证着这个生生不息的城市每一步的发展，像一个母亲看着自己的孩子一般，看着现在的雅典，它应该深感骄傲吧。

小而精的肯罗坡罗斯博物馆

相比于希腊其他的博物馆，肯罗坡罗斯博物馆只能以"小巧玲珑"来形容。若不是地图上标明这是一座博物馆，你或许会以为这是一座普通民居。

值得一提的是，馆中的藏品大部分来自肯罗坡罗斯家族的捐赠，博物馆也因此得名。将私人藏品捐献出来，用以展览，这是那些盗取他人物品的人永远都不能理解的行为。

因为是私人捐赠，所以博物馆中的藏品有限，不过也值得一看。博物馆的藏品主要分为两个部分：古希腊时期的雕塑、饰品，以及拜占庭时期的圣像。

仔细欣赏这些藏品，你可以发现很多意趣：那来自波斯的珠宝经久不变，依旧优雅精致；那栩栩如生的希腊人像，好像要向我们讲述当年的故事。

这个博物馆没有什么规矩，也不需要门票，可以随意拍照。而且这里离卫城非常近，游览完卫城，再来此处欣赏拜占庭的艺术也很不错。

低调的奢华
——国家考古博物馆

顶着"世界上最伟大博物馆之一"名头的国家考古博物馆，或许本身就是一件文物。客观来说，这座博物馆的外观十分的不起眼。就其外观，别说"世界十大博物馆"，就连"雅典十大博物馆"可能都没它的份儿。

这座博物馆延续了希腊博物馆一贯风格——巨大石柱，外墙上有一幅类似断臂维纳斯的雕塑，屋顶上还有几个金色的人物雕塑，这些都为这座博物馆增添了一抹艺术气息。

从外观来说也就仅此而已了，这座掩映在绿树中的博物馆有些像市政厅，气势是有的，不过太过严肃，让人有点提不起兴趣。

幸而这是一座"酒香不怕巷子深"的博物馆。当你走进这座博物馆后，就能找到它被称为"世界上最伟大博物馆之一"的原因了。

这座博物馆是希腊收藏最丰富、规模最大的博物馆。人们可以从展品中看到希腊曾经的辉煌。有人说，它是一个复原版的古希腊。

　　其实若是你不了解古希腊的历史也没关系，尽情欣赏收藏在此处的国宝足矣。闻名世界的阿伽门农黄金面具在 3 号展柜展出，面具庄严、端庄，透出王者之气。其闪耀的金色，让人们移不开眼睛。古希腊诗人荷马曾说此地"遍地黄金"，如此看来，古人诚不欺我。以海神波塞冬为代表的青铜雕塑，做工精细、绘画精美的希腊陶器都是不可不看的。

　　博物馆中还有许多栩栩如生的人物浮雕，看上去像是神话中的人物雕塑。其实，这些雕塑都是有人物原型的。这些浮雕都是墓碑，雕刻的是墓主人生前的样子。在那个没有照相机的年代，希腊人选择通过雕塑记录下逝者的模样。不过也许是亲人想美化逝者，这些墓碑上雕刻的人物不像真人，倒像是神话故事里的天神。

港口上的比雷埃夫斯市美术馆

这是一个坐落在港口城市的美术馆，1957 年创建，曾是市图书馆的一部分，1985 年独立出来。比雷埃夫斯港一片繁忙，让这个城市也随之繁荣了起来，位于市区的美术馆，也受到了许多人的青睐。

能够放在美术馆中展览的作品，自然都是精品中的精品。这里的雕塑充满了现代感，与古希腊的石雕不同，这些雕塑作品更加的细腻，线条更加的柔和，寓意也更加的丰富，是不可多得的现代艺术品。

这里展出的画作都是当代的流行画作，美感及内容都符合现代人的审美需求，更契合现代人的心理，让人从内心产生一种共鸣。

在这样一个充满古代艺术的国家里，有这样一个现代化的美术馆，让人眼前一亮，人们仿佛找到新大陆一般，揣着自己的好奇心去其中探索。

不朽的诗篇
——索洛莫斯博物馆

这是一个属于诗人的博物馆。

其实，与其说这里是博物馆，不如说这是索洛莫斯故居。其外观也没有其他博物馆的恢宏气势，而是更加地贴近生活。若是没有人告诉你，也许你会以为这就是一座普通的民居。在这样一座漂亮、简洁的小房子中，后人保留了索洛莫斯的作品、稿件以及他使用过的文具。

让人印象深刻的是，博物馆里有一个石头图书馆。这个图书馆用来展出索洛莫斯的作品。他曾经写过的诗歌，竟然可以撑起一个图书馆！人们常常羡慕索洛莫斯的天赋，却没有发现，若没有持之以恒的努力，他也不会有后来的成就。

这里到处都充满了索洛莫斯的气息。那些哀叹命运不公的人，那些责问上天为什么自己的努力得不到回报的人，最应该来这座博物馆参观。博物馆中保留了索洛莫斯的工作台，据说，他在上面日日坚持写作，笔耕不辍。

  想来，即使是天才，也会有文思枯竭的时候吧。我们的眼前浮现出这样一幅画面：索洛莫斯就坐在写字台前，眉头紧皱。苦思无果，他站起身来，翻阅之前的典籍，想在其中找到灵感。然而他的状态不好，写了一天，也写不出一篇诗文。不过这丝毫没有影响到他。第二天，他依旧端坐在写字台前，开始创作。

  这样一位有才华的诗人，这样一位锲而不舍的创作者，如何不让人心生敬佩？

  他是一位颇有成就的诗人，希腊的国歌《自由颂》就出自他之手。不过这座他居住过的房屋却没有豪华的装饰，整座房屋简洁大方。这位朴素的诗人，想留给人们的，只有动人的诗歌罢了。

感受古代市场博物馆中的生活气息

沿着卫城外围墙走了很久，我们才找到古代市场景区的入口。进入景区后，目之所及都是断壁残垣，虽然这些断壁和石柱依然能够为人们勾勒出当时的繁华景象，但是也无法掩盖景区中的衰败气氛。除了一个修复的教堂还算精巧，其他的一切都让人忍不住唏嘘。

然而，当古代市场博物馆出现在我们面前时，那种弥漫于景区中的衰败气氛却好像消失了一样，我们仿佛误入时空隧道，来到了繁华的古希腊。

古代市场博物馆是雅典古迹中唯一被完全复原的建筑，在20世纪50年代由洛克菲勒家族捐资重建。这是一座两层楼的建筑，一层是宏伟通透的柱廊。柱廊是根据阿塔罗斯柱廊的样式重修的，展现出古希腊的典雅风格，柱廊的两端都有楼梯通往二楼。二楼是展览室，收藏了从遗迹中挖掘出来的陶器、钱币、剧院门票、面具等文物。

我们忍不住感叹：虽然还没有欣赏馆中藏品，望着柱廊就已经感到了古希腊的魅力。巨大的石柱和光洁的大理石地板，给人一种平静的感觉。一走进柱廊，一路走来的燥热便消失得干干净净。坐在石椅上，欣赏柱廊上的45根多利安式圆柱和22根爱奥尼亚圆柱，古希腊人的生活情景仿佛出现在我们眼前。

如果说神庙是为神灵准备的，带有很重的宗教色彩，那么柱廊就是为平民百姓准备的。这种带顶建

筑空间开阔，不仅能为人们遮风避雨，还能为人们提供一个公开的交易场所。古希腊时期，人们在此交换物品，用货币购买生活必需品。

不仅如此，这里还是古希腊人交流思想的场所。有些学者喜欢来这里进行哲学思辨，讨论生活中的那些细小又深刻的问题。因为他们几乎每次都会来柱廊辩论，所以人们便将他们称为"柱廊派"。

走上二楼，走近那些神奇的文物，我们更能清楚感受到古希腊人的生活气息。破碎但颜色依旧鲜艳的陶器、锈迹斑斑的秤、金光闪闪的钱币，都在向我们描述古希腊人的生活场景。最吸引人的是那些写着拉丁字母的陶片，这是古希腊人投票的工具。用陶片投票的方法又称为陶片放逐法，人们可以将认为对国家有害的人的名字写在陶片上，得票高的人会被放逐。

古希腊人曾用这种方法放逐了好几位独裁者，不过这种方法也有失效的时候。传说，以"公正者"而闻名的阿里斯泰德就曾被一个不认识的人拉住，让他帮自己在陶片上写"阿里斯泰德"，理由是"人人都说他很公正，我都听烦了"。遗憾的是，我们在博物馆中找了很久，都没有找到写着"阿里斯泰德"名字的陶片。

遇见真实的他们
——手稿博物馆

手稿博物馆的外观并不引人注目，虽然光洁的大理石墙面给人一种现代感，镂空的花艺铁门展现出独特的美感，但是建筑面积太小，看上去过于朴素。要不是因为住的地方毗邻手稿博物馆，我们可能会错过它。

走进博物馆后，我们才知道什么是别有洞天。博物馆收藏了 13 500 余张古代手稿，站在展览馆中央的我们宛如置身于文化的海洋，那些被摆得整整齐齐的手稿在向我们诉说古希腊作家的故事。

这些手稿多以拉丁文书写，不熟悉拉丁文的人或许会有种在阅读"天书"的感觉。然而，仅是观察手稿上的字迹，我们便能感受那些远去的作者的心境。

与反复修改过的文稿不同，这些手稿的字迹大多凌乱，有些手稿甚至能够被称为画稿。然而，我们却能够从中看到这些作者最珍贵的部分。手稿是非常日常的东西，心中有了想法，便拿起羊皮纸或草纸卷记录下来。我们发现有的手稿的字迹刚健有力，有的潇洒飘逸，有的灵动秀美，这是因为作者在创作时不吝啬展现自己最真实的一面。

即使是同一个作者的手稿，也会呈现出不同的状态。思路比较清晰的时候，手稿也是比较清晰整洁的；思路凌乱时，手稿便成了画稿，上面有很多涂改的痕迹。或许从那些凌乱的拉丁字上，人们不仅能读到作者的思想，还能听到作者那一声烦恼的叹息。

对书迷而言，手稿博物馆可以称得上是"圣地"。因为通过这些手稿，读者离作者更近了。甚至有读者说，在这里，自己感受到了这些古希腊作者残余的温度，还与他们进行了一场别开生面的交谈。

热爱戏剧的古希腊人
——戏剧博物馆

古希腊人热爱艺术，尤其热爱戏剧艺术，这是众所周知的事情。

古希腊有很多戏剧节，其中以"酒神节"的规模最大。节日期间，街上空荡荡的，小贩们早就在店铺门口挂上了"停止营业"的牌子。政府大楼里找不到任何人，平常在法院里互相争吵的原被告也都不见了人影。

这些古希腊人去哪里了呢？他们都到露天剧场看戏去了。穷人们拿着政府发的"看戏津贴"买票，富人们穿着华美的衣裳坐在最好的位置上，就连犯人都被押解着来到了剧场中。人们为舞台上的演员欢呼、落泪，完全不在意邻座的身份。

如今，虽然古希腊露天剧场大多变成了斑驳的遗迹，那些优秀的戏剧作家也都变成了传说，但是来到戏剧博物馆中，游客依然可以感受到古希腊人对戏剧的深情。

戏剧博物馆建于 1983 年，由希腊戏剧作家学会组织建立，旨在展示希腊的戏剧文化。这座博物馆不仅提供了戏剧方面的图书，还展览了戏剧道具、戏剧服装和戏剧舞台布景。虽然这些道具和服装已经失去了色彩，但是它们所呈现出的艺术之美，时至今日依旧动人。

阅读兵器演变史
——战争博物馆

建于 20 世纪 30 年代的雅典战争博物馆宽敞宏伟，收藏了从古希腊到当代的各种战争用品和武器。

展品按照不同的时期分展厅展示，每一个展品都附有详细的介绍。从石器时代的护甲，到拜占庭时代的战剑，再到第二次世界大战时期的"喷火式"战斗机，在这座博物馆中慢慢游览，人们仿佛在阅读一部完整的兵器演变史。军事迷可以在这里耗上一天，因为就算不看花样繁多的武器，墙上那些用以装饰的作战图和兵器雕塑就让人移不开眼睛。

我们最喜欢参观展示中世纪武器的展厅，因为这些武器的设计都独具匠心：那块巨大的盾牌上配备了长矛和刀，拿着这个盾牌作战，不仅能保护自己，还能攻击敌人。那把匕首上竟然有三个开刃，即使它现在被锁在展览柜中，也给人一种震慑感。导游还说匕首上有隐藏的弹簧，关键时候可以当暗器使用。

盯着这些中世纪武器几分钟，古希腊人作战的情景仿佛浮现在我们眼前。在战争时期，强烈的求生欲望激发出了人们强大的想象力和创造力。即使有些武器已经生锈，只要看到这些精巧的设计，我们就能感受到希腊人的智慧和保家卫国的决心。

了解希腊近代史
——国立历史博物馆

国立历史博物馆是由议会大厦改建的，位于雅典体育场大街。这个博物馆从外形上看起来循规蹈矩，没有什么特点。同是改建，但是与新建不久的卫城博物馆比起来，它显得有点破旧。而且因为原来是议会大厦，所以这座博物馆看起来有些严肃。

不过严肃也有严肃的好，从外观上看，这个博物馆颇为庄重，让人不敢小觑。

国立历史博物馆前立着一尊雕像：一位将军骑在马背上，他一手握着缰绳，一手指着前方。马儿抬起前蹄，像是准备向前奔跑。马上的人物叫塞奥多罗斯·科洛科特罗尼斯，是希腊的民族英雄，也是希腊独立战争的领导者。

1825 年，塞奥多罗斯·科洛科特罗尼斯被任命为希腊联军的统帅，凭借着出色的军事才能在独立战争中立下了汗马功劳。1828 年，他当选为希腊第一共和国的首任总统。然而，他还没来得及建设自己的国家，便于 1831 年遭到暗杀身亡。为了纪念这位民族英雄，希腊人不仅将其印在了希腊 1997 年版 5000 德拉克玛上，还为他立了数尊雕像，这尊骑马像就是其中最具代表性的一尊。

很多人说，将塞奥多罗斯·科洛科特罗尼斯的雕像放在国立历史博物馆前，是为了表示对他的尊重。然而，雅典人却说，用这样一尊雕像迎接游人，才能体现出国立历史博物馆的意义。

的确如此，欣赏过塞奥多罗斯·科洛科特罗尼斯的雕像后，我们更能感受到展览品背后的意义。国立历史博物馆中的藏品非常丰富，既有装饰画和雕塑，也有精美的服装，还有各式各样的武器。然而，仔细参观后就能发现，这些藏品都围绕着一个主题：独立和发展。

国立历史博物馆主要反映了希腊的两段历史：争取独立的反抗史和独立之后的发展史。在这里，游人能够走近那些愿为希腊人振臂一呼，甚至为争取民族独立献出自己生命的人，也能与那些为希腊经济发展而殚精竭虑的人对话。

或许对游人来说，这两段历史远不如古希腊文明那样出名，但是在希腊人眼中，正是这两段历史造就了现在的希腊，哺育了如今的希腊人。了解过这一点后，我们发现希腊人深情地看着拜伦的钢盔和剑，就像被拜伦的诗歌感染了一样时，也就不会觉得奇怪了。

洋溢着童趣的儿童艺术博物馆

雅典卫城脚下，热闹的商业街中，隐藏着一个精致而小巧的博物馆：儿童艺术博物馆。要是没有地图和当地人的指引，我们根本找不到这家博物馆。它隐藏在一个僻静的小巷子中，正门也十分隐蔽：一个通向半地下的小门。若不是一走进去就能看到孩子们的画作，我们还以为自己走错了路，进错了门。

儿童艺术博物馆建于 1987 年，是一家专门针对儿童开放的艺术博物馆。这里收藏了来自世界各地的孩子们创作的艺术品，旨在帮助孩子了解艺术，有时也会举办一些促进儿童成长和提升儿童想象力的活动。

儿童艺术博物馆不大，只有三个展厅，但是因为挂满了孩子们画作的缘故，这里的一切都充满了童趣：虽然孩子们画的肖像画的线条并不流畅，但是抓住了人物的特点——大鼻子、圆眼睛，让人见之难忘。有几幅手掌画色彩鲜明，像是炽烈的光，点亮了这座博物馆。

博物馆中设有互动区，来此参观的孩子可以利用博物馆提供的纸笔画画，作品会被贴到作品展示区。先不评论孩子们的作品，单看他们认真的模样，人们有什么理由说他们不是未来的艺术家呢？

独属希腊的时尚
——服饰史博物馆

希腊服饰史博物馆是希腊女子学园俱乐部的分部，建于 1988 年，主要展出希腊的传统服装、珠宝首饰、米诺斯的复制品、经典拜占庭式的服装，以及希腊瓷娃娃。

我们本来不对这个博物馆抱有期待，因为一说到希腊的服饰，除了带有垂坠感的白色长袍，似乎很难想到其他有代表性的东西。然而，一进入服饰史博物馆，我们就被眼前的一切慑服了。

代表着希腊女神的白色长袍，看起来十分舒适，却自有一股高贵感。就像那受过良好教育的大家小姐，不需要装模作样地端着架子，一颦一笑间就能让人感受到她的气场。

刚刚从女神的魅力挣脱出来，华美的拜占庭时期的服装又出现在我们面前，细细的金线、闪烁的珍珠和繁复的花纹都让人移不开眼睛。不少人将拜占庭时期称为"奢华的年代"，现在看来，此言不虚。

拼命压抑住变身为古希腊人的冲动，精致的饰品又出来挑拨我们的心。红宝石耳饰、雕刻着女神的手镯、吊着狮身人面像的项链……每一个都那么精巧，让人忍不住赞叹工匠的匠心。

虽然我们现在只能通过文字或图片去想象当时的情景，但是通过这些精美的服饰，那些并未刻意追求却无意中创造了时尚的希腊人仿佛又活了过来。

朴实的希腊
——民间艺术博物馆

希腊人到底有多喜爱希腊文化呢？看雅典城中有多少和文化有关的博物馆就知道了。乐器、服饰、货币……甚至连手稿都有一个单独的博物馆。在这种文化氛围下，怎么能不为民间艺术设立一个博物馆呢？于是，在一个繁华的街区中，一家拥有四座附属建筑物的博物馆落成了，这就是民间艺术博物馆。

民间艺术博物馆旨在收集、记录、保护和介绍希腊的民间艺术，包括木雕、民间绘画、石雕、化装舞会、金工、银器、编织等。如果说在其他博物馆中，我们能看到希腊的历史，那么在民间艺术博物馆中，我们就能看到希腊人民真实的生活。

描绘生活场景的石雕、刻着花纹的银手镯、不华丽但看上去很舒适的服装，这些朴素又精致的作品，都为游人展现了一个真实、充满生机的古希腊。而皮影戏、民间绘画、木刻和石刻等手工艺术品，又反映出了古希腊人丰富多彩的娱乐生活。那些觉得古希腊文化久远而高深的人，参观完这个博物馆后总会改变自己的看法。

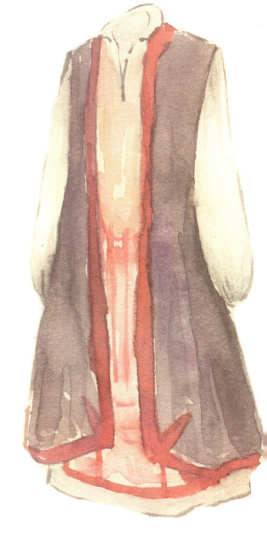

寻找丢失的音符
——通俗乐器博物馆

这里是音乐研究者的天堂。

若是你无意中走进这座博物馆，或许会误以为自己走进了乐器行。是的，这里收藏了各式各样的乐器。不过即使是音乐爱好者，也可能无法认出所有的乐器。因为这里收藏的，大多是古希腊人使用的乐器，而这些能发出天籁之音的器物，在岁月的流逝中不断地变迁，有些甚至已经在时间的长河中销声匿迹了。

幸而希腊人没有将这些乐器彻底遗忘。人们将这些乐器收集了起来，并建造了这个博物馆。如今，长颈琵琶、陶瓷鼓等乐器被放置在玻璃罩中，鹅黄色的灯光打下来，让这些乐器多了一份神圣感。

对当地人而言，这个博物馆意义重大。这代表人们又找回了那些被遗失的文化。这些乐器不仅仅是展出品，还是一个个时代文化的产物。人们通过这些乐器，似乎看到了古人平凡又有情趣的生活景象。

对展厅中的乐器来说，这个博物馆并不是它们的归宿。试想一下，有哪一个乐器希望自己永远躺在玻璃罩中？如同永远不出鞘的宝剑会发出悲鸣一样，这些看似保存良好的乐器大概也会低声叹息吧。

不知是不是听到了这些乐器的心声，当地人开始试着弹奏这些乐器，努力找回曾经的音符、曲调。若是你运气好的话，还能听到小手鼓、琵琶、竖琴等乐器的现场演奏。那时，美妙的音乐便回荡在博物馆里，即使是音盲，也不愿意离开这座博物馆。

历史悠久的裸体雕像

说到希腊的艺术，裸体雕像是不能被忽视的。

实际上，希腊之所以有这么多裸体雕塑，是有独特的历史原因的。几千年前，爱琴海这一带出现了许多的城邦。每个城邦都想要争夺更多的领地，战争频发。

当时各个城邦公民最重要的任务就是参与战争。在那个弱肉强食的时代，武器缺乏，拥有一副强健的体魄，在战争中会有更大的胜算。

在这种特殊情况影响下，希腊人从会走路开始，就要接受体育训练，而运动不好的人，还会被人嘲笑。青年人把大半的时间都花费在训练场上，把肌肉练得强壮又柔软，力求把身体练到结实、健美。

这些青年人变成了健壮的士兵，也成了体格健美的模特儿。每逢节日，古希腊城邦都要举办体育竞技赛。青年们为了展示自己健美的身体，常常把衣服脱光。运动员们在公众面前赤身裸体，并不会感到害羞。

在运动会上胜出的优秀选手，会被认为拥有最健美结实的身体，人们往往给予选手最高的荣誉，报以雷鸣般的掌声，还会邀请雕塑家为他塑像，把这激动人心的一刻保留下来。

古希腊人信奉"健全的精神寓于健康的身体"，所以裸体雕塑自然而然成了当时的艺术主流。久而久之，希腊人独有的审美形成了，裸体雕塑也发展起来了。

基克拉迪文化与古希腊艺术博物馆

这是一座有深厚历史底蕴的博物馆，建立于 1986 年，用于存放古兰德斯家族收藏的基克拉迪文化和古希腊艺术品。藏品以青铜时代早期的艺术品为主，其中最引人注目的是大理石雕像。走进这个博物馆，人们可以了解古希腊艺术文化的发展进程。

基克拉迪文化发源于爱琴海的一个小岛上，是最古老的希腊文明。博物馆收集了岛民留下的各种类型的艺术品，穿行在这些艺术品的中间，人们也能领略基克拉迪文化别样的风情。

在参观的时候，人们会有种这样的感觉：自己仿佛也生活在那个时代的岛屿，与岛民一同出海打鱼，过着自给自足、安然恬淡的生活。

"最富有"的博物馆
——货币博物馆

这可能是希腊"最富有"的博物馆了。货币博物馆是希腊最重要的博物馆之一，馆内收藏着希腊从古至今来自世界各地的钱币。从这些钱币的发展轨迹，游客就能看出一个国家的发展轨迹。

虽然此处藏品丰富，而且展览品也非常特别，但这并不是一个十分热门的博物馆。来此参观的人不多，要是碰上旅游淡季，甚至会碰上偌大的博物馆中空无一人的情景。

然而，小众也有小众的好处。来此参观的人，大多是对这些钱币感兴趣且十分了解的人。此时，你可以和他们交流见解和想法，学到很多知识。

在有些人看来，钱币总带有一股"铜臭"味，爱钱的人亦是俗人。其实，让人厌恶的不是钱币，而是为了金钱而变得丑恶的嘴脸。来到这里，你就会发现，原来钱币也可以成为一门艺术。

那些必须知道的雅典习俗

雅典这样一个历史悠久的城市，有着属于它特有的礼仪。

雅典人都很热情好客，也很健谈。走在雅典的大街小巷上，即便是素不相识的两个人，也会彼此问候。他们对外国友人十分热情，在一个如此注重礼仪的地方，人们总能感受到温暖。

雅典人经常会邀请客人们共同进餐。在餐桌上，互相敬酒是少不了的。不过对于雅典人喜爱的茴香酒，很多中国人都表示难以接受。那么，你是否应该接受敬酒呢？当然要一饮而尽，不然很容易被对方误解，以为你在羞辱他。

他们对同样拥有悠久历史的中国非常感兴趣，遇到中国游客时，他们好像有说不完的话。如果你英语说得比较流畅，坐下来和当地人聊聊天也不错。这些友好的雅典人，或许能和你从诗词歌赋聊到人生哲学呢。

聊完了，该告别了。此时，你要注意：千万不要随意地对着对方摆摆手。因为在雅典人看来，这是一种侮辱、鄙夷的信号。这时，你一定要把手背面向对方，这是希腊人的一种最基本的礼仪。

在雅典，你可要警惕打喷嚏。希腊人是最忌讳打喷嚏的，他们认为这是不吉利的象征。要是他们在起床后听到打喷嚏，还会立即躲到被窝里再睡一会儿，以此躲避晦气。

一些年长的希腊人比较迷信，他们认为自己之所以运气不好，是恶毒之眼在作怪。为了赶走坏运气，他们会为小孩子们别上一个眼睛别针。如果聊到不好的东西，他们还会向对方的身上吐口水来驱赶厄运。如果年长的希腊人向你吐口水，请不要生气，先思考一下刚刚说的话是否妥当。

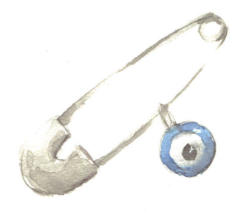

雅典人的禁忌还不止于此。比如，雅典当地人最忌讳的数字是 13、非常不喜欢星期五等。此外，在雅典的民间，人们还很崇拜蛇，把蛇视作神来对待。拥有同样待遇的还有乌龟。如果你发现了乌龟，不能随意拍照或捕捉，除非你想被雅典人群起而攻之。

在雅典最不缺的就是教堂。要注意的是，女性在进入教堂的时候，必须要穿长裙，不能露出胳膊，也不可以走到圣坛的后面。当地人对教堂十分重视，在进入教堂之前，一定要做好充分的准备，以免造成不必要的麻烦。

　　雅典人十分在意着装。在雅典，你会发现每个人的着装都很整洁。那些不被岁月眷顾的老年人，都会将自己打扮得端庄大方。如果你需要出席一些正式的场合，千万不要随便套件衬衫就出门。

　　这个存在了几千年的城市，有着宏大的令人惊叹的文化，也有这些细小的布满生活的风俗习惯。了解了这些，你才算真正地了解这个城市，了解这个国家。

　　雅典，神圣、神秘，让人产生一种想要探索却又心生畏惧的感觉。这个城市博大精深的文化影响着一代又一代的雅典人，人们寄托在生活中的美好的愿望和信仰，共同组成了现在的雅典。

巧夺天工的希腊式建筑

看过希腊建筑物的人，可能都会对建筑物当中的柱子印象深刻。

希腊的建筑物用柱子来承重，所以建筑物中的柱子是必不可少的。几乎所有的古希腊建筑物都以柱子做框架，再以墙做隔断。这是因为在古代没有钢筋混凝土，能使用的材料唯有石料。

古希腊的几何学、力学都领先于世界，古希腊的劳动人民在有限的条件下运用科学搬运石料、搭建框架，建造出一座又一座令人惊叹的建筑物。

这些已经足够让人们为之惊叹了，但是更让人震撼的是那些巧夺天工的雕塑。柱子上、墙壁上、房檐上、窗框上，只要有石材的地方就一定有雕刻。巧手的工匠雕刻的人物、动物、植物以及各种不同的景色、画面都惟妙惟肖，栩栩如生。工匠把石料和雕刻完美地融合到一起，使这些建筑显得更加的高贵、和谐而又神秘。

甜蜜又富有希望的希腊新年

九月一日是希腊的新年。这是一个特别的日子，因为从这一天开始，希腊人开始播种，所有的希望和期待都由此而生。为了能有个好的收成，人们带着部分将要播种的种子来教堂祈福，祈祷今年能大丰收。

在希腊某些小岛上，居民们还用各种植物的树叶编制花环，孩子们把旧的花环扔到海里，把新的花环浸泡在水里以求好运。

每个国家都有自己独特的庆祝新年的方式，希腊人也一样。除了祈求庇佑之外，他们也用自己独特的方式来驱赶自己认为不吉利的东西。

希腊人认为在九月一日这一天，死亡之神会在海滩上写下未来一年不幸之人的名字。为了避免不幸来临，希腊人会在海边捡 40 颗石子，收集 40 朵浪花的海水，把石子和水装到瓶子里，用来辟邪。

在新年的这一天，希腊人还会做一个大的蛋糕，并在里面放几个硬币，谁吃到了，谁在新的一年里就会有好的运气。这一习俗倒是和中国人在饺子里包硬币的风俗有些相似。

这一天，希腊的食物的味道一定是甜的，就连空气中都充满了蜂蜜、奶油、糖的甜味，新年吃了这么多的甜食，这一年的生活都会过得像乳糖一样甜蜜。

在新年的夜里，希腊人还会互相喷洒香水，把最好的祝福送给对方。

最有特色的是，在新年第一天的早上，要在家门口砸碎一个石榴，他们相信火红的石榴汁会给家里的每一个人都带来好运。

更为有趣的是，希腊人在拜年的时候会带一块巨石送给主人，祝福他们丰衣足食，新的一年里拥有像巨石一样大的黄金。

爱美之心人皆有之——古雅典人

雅典人是爱美的，从历史建筑物当中的雕像就可以看出来——他们的服饰都非常的漂亮。在古雅典，拥有一头金发的人非常少见。那时，金发受到珍视。许多雅典人都把自己的头发染成金色。到了后来，人们就用染发抵抗岁月的流逝。

通过雅典的各种壁画和雕塑，我们可以看到雅典妇女的发型多样，有盘起来的发髻，也有披散在肩膀上的长发，还配上了美丽精巧的发带。

古代的雅典妇女喜欢化妆，常常一化就是好几个小时，耐性极好。雅典喜剧里的一位人物抨击女人的化妆时，曾有这样透彻的描述："夏天，当你们出门时，两条黑印从你们的眼睛挂下来，汗水在你们的面颊与脖子之间形成了一条鸿沟；当头发碰到你们的面孔，它便被白铅粉漂白了。"

这可能有点夸张，但是却说出了古雅典一种普遍的现象。这让人不得不感叹：古代的雅典人，真是爱美！

第四章

感受街头巷尾的历史余韵

在雅典走上一圈，你就会爱上这个城市。

这里的一切都那么古老，而岁月已经为这些古老建筑添上了皱纹。让人印象深刻的是，希腊人并没有抛弃这些年华老去的"伴侣"，而是在对其进行修缮，尽自己最大的努力保护它们。

如今，穿着入时的年轻人在这些建筑中生活，而这些"老祖宗"，也用自己的方式守护着希腊人。

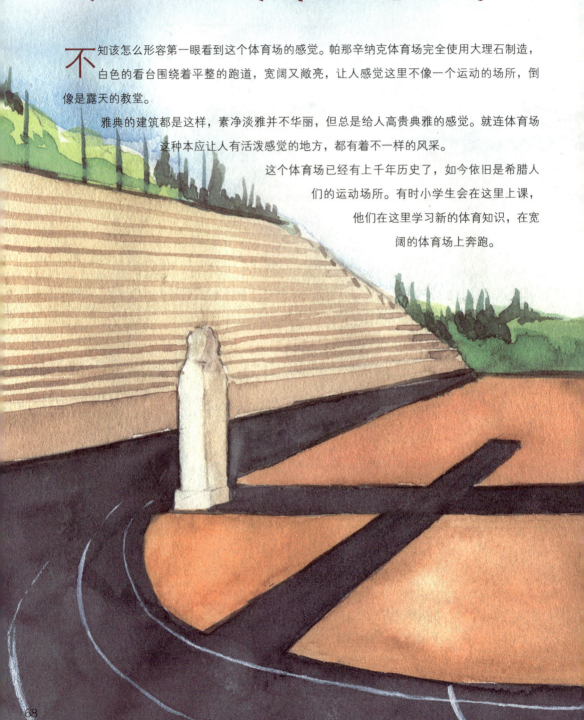

神圣的帕那辛纳克体育场

不知该怎么形容第一眼看到这个体育场的感觉。帕那辛纳克体育场完全使用大理石制造，白色的看台围绕着平整的跑道，宽阔又敞亮，让人感觉这里不像一个运动的场所，倒像是露天的教堂。

雅典的建筑都是这样，素净淡雅并不华丽，但总是给人高贵典雅的感觉。就连体育场这种本应让人有活泼感觉的地方，都有着不一样的风采。

这个体育场已经有上千年历史了，如今依旧是希腊人们的运动场所。有时小学生会在这里上课，他们在这里学习新的体育知识，在宽阔的体育场上奔跑。

　　古希腊人特别注重体育运动，认为只有强身健体才能更好地保卫国家，因此古希腊的男性大多都有一副强健的体魄。

　　这些生活在现代的孩子们，奔跑在这座体育场上时，仿佛与古希腊的运动员们重影。他们是希腊的未来，有着满满的希望，这片存在了上千年的土地培养了一代又一代人，在历史的长河中，全力发挥着自己的作用。

　　值得一提的是，这座体育场很久之前就已经拥有了经典的"发卡弯道"，这是古代运动会上的一大亮点。即使放在现在，仍然是值得被称赞的杰作。

　　这么多年过去了，雅典不断地有更新的、更先进的体育场建成，它们拥有更加舒适的看台、更加安全的跑道，这里已经不复往日的光辉了。

　　然而它依然固执地矗立在这里，仍然不服输似的发光发热。

　　傍晚，夕阳洒在白色的体育场上，散发出耀眼的光芒，古老的帕那辛纳克体育场更显神圣。

小镇的守护者
——圣尼科劳斯教堂

它像是一位老者，静静地守护着扎金索斯小镇。

圣尼科劳斯教堂就在滨海街道的路边，棕黄色的墙体与旁边洁白的建筑物相映成趣，在教堂里面透过小窗口观赏大海也是不错的选择。

这是一座古老的教堂，它一直坐落在小镇的中心广场上，人们每一次路过都能看见它。它看着小孩成长成青年，看着他娶妻生子，年老离世。它是沉默的守护者，一直静静地聆听着每一个信徒的愿望。

教堂主要的建筑物旁边有一个高台，登上高台，美丽的风景便尽收眼底。那些聪明的游客，总是会选择在这里拍照。

到了繁星满目的夜晚，这里又是另一幅景象。教堂上方明亮的灯光打在海面上，海面上映出教堂的镜面倒影。这个时候，这座小镇就拥有两个教堂了。不知道生活在海里的精灵们，会不会去这"第二座教堂"里面做祷告呢？

"上帝的邻居"
——普拉卡城区

普拉卡城区是雅典的老城区，因为与卫城相邻，还有"上帝的邻居"之称。可以说，雅典存在了多久，普拉卡城区就存在了多久。这里有像迷宫一样的街道，有许多老式建筑物。当然，这个古老的城区已经不再是居民区，它已经变成了一个繁忙的商业区，每天的客流量巨大。

这里的街道多并且乱，如果没有当地人或者导航带领的话，很容易迷路。不过迷路也有迷路的乐趣，穿梭在各式各样的小巷子中时，你也许能获得惊喜。这个惊喜，也许是一座漂亮的建筑物，也许是从某个小院里探出来的一株花。也许正是这种可遇不可求，让普拉卡城区变成了一个浓得化不开的梦。

喜欢购物的人，也会爱上这个地方。这里有很多世界上的知名品牌，商品种类繁多，并且价格也很公道。

　　老城区的不断翻新、修缮，使这里的建筑风格也发生了很大的变化。其实这也是雅典的一大特点，这里的建筑只要还能使用，人们便会不遗余力地将它修缮，而不是去拆除重建。古希腊风格的建筑，再加上新古典主义风格的建筑，让这片城区拥有了独特的魅力。

　　这是个充满了历史气息却又十分现代化的地方，两者的结合，赋予了这个城区新的使命，也使它更加的繁荣，更加的富有生机。

充满秘密的沃里亚戈米尼镇

沃里亚戈米尼镇是雅典南部一个风景极好的海滨小镇。小镇旁边有个同名湖泊，微风过处，波光粼粼。小镇的居民闲下来的时候，会领着家人来此野餐。看孩子在草地上自由地奔跑，闻不远处的花香，听从大树中传来的鸟鸣声，这样的生活再美妙不过了。从雅典直接驱车到达沃里亚戈米尼湖大约要 30 分钟，一路上虽然没有别的景点可供游玩，但是中途停下来在路边观赏大自然也很不错。那些"旅游达人"会选择租一辆敞篷车在这条路上兜风，他们沉醉在美景中，开始了无限的畅想。

从表面上看，这个湖泊不算特别，实际上它曾经是一个洞穴。水量增多之后，洞穴就变成了湖泊。如果遇上湖中水量少的时候，人们还能看到峭壁露出头，若隐若现，像是在和人们捉迷藏。

沃里亚戈米尼湖还没有被完全的开发出来，隐藏在远处湖面下的洞穴偶尔会吐出几个泡泡，让人陷入无限的遐想之中。在深不见底的洞穴里，会不会住着一群蓝色的精灵？它们是不是在人们看不见的地方，通过这些洞穴游到大海里去玩耍？

在我们在此想象的时候，那些勇敢的洞穴探险家们已经先我们一步了。他们拿着探照灯，背着氧气罐，带着对洞穴的无限好奇潜入水底。当然，洞穴里并没有可爱的蓝精灵，也没有沉睡的仙女，但是有罕见的洞穴生物。当那些洞穴探险家们带着这些生物上岸时，他们的心情一定与收获满满的淘金者差不多。

　　这座湖泊的魅力还不止于此。此处湖水常年保持在 75 华氏度，且水中富含多种矿物质元素，对许多疾病的治疗都能起到帮助作用。这个独一无二的特性，使这里成了一个受欢迎的温泉疗养胜地。泡着温泉，欣赏着美景，即便是再严重的疾病，大概也会痊愈了。

　　这里有鲜花、树木、鸟鸣，有让人心驰神往的独具特色的酒店，还有能让人全身心放松、消除疲惫的温泉。在这样一个适合悠闲度假的地方，人们会不自觉地放慢脚步，只想好好地享受这段静谧的时光。

城市角落里的跳蚤市场

跳蚤市场就位于卫城脚下，它已存在上千年了，从一个露天的小市场演变成了雅典的商业中心，如今已是人们到希腊必去的一个著名的旅游景点。

想去跳蚤市场参观，你也无须太着急，因为路上的风景也值得一看。在去往跳蚤市场的街道上，有一些旧货商店。在一般情况下，店主开门都很晚。如果去得早的话，就能尽情欣赏店铺卷闸上的涂鸦。试想一下，一整条街的花花绿绿的涂鸦，是多么壮观的场面。

如果嫌雅典市区的背景太单一——不是蓝色就是白色，不如在这里好好拍几张。虽然这些涂鸦并不是出自名家之手，却也有自己的魅力。如果仔细观察，还能在其中发现一些爱情故事呢。

再往前走就是跳蚤市场了。这里的商品种类齐全，从服装、工具，到传统艺术品、廉价纪念品，再到珠宝、旧书、唱片、手工乐器、玩具……琳琅满目，让人目不暇接。

如果体力足够的话，可以在这里从日出逛到日落。再挑剔的人，也可以在这里找到自己中意的东西。徜徉于这些小店当中，以合适的价格收入自己喜欢的"宝贝"，真是一件幸福的事情。

当然，也有人不为"淘宝"而来。相比这些可爱的小玩意儿，他们更喜欢与商家交流，并从中了解希腊文化，要是能交到朋友就更好了。

从画里移出来的狄奥尼修斯教堂

狄 奥尼修斯教堂坐落在扎金索斯镇的南面，洁白的墙面、庄严肃穆的钟楼、整洁又安静的走廊，这一切，无一不让人感到敬畏。

教堂在距海边不远的地方，沿着海边一直走，你就会发现这座教堂。有时候，观光车也会经过教堂的对面。

教堂的外面非常喧嚣，但是在教堂里面却一点也听不到，只要一踏进教堂，就仿佛进入了一个新世界，再也顾不上关注别的事情了。

这个教堂里面存放着圣寺中圣人的圣骨匣，这个圣骨匣被特别地保护起来了，精心雕刻的圣像让人忍不住停下脚步前去瞻仰。

教堂里的壁画色彩鲜艳、富含深意，旁边的镀金工艺品更是为这里增添了不一样的气息。色彩丰富的壁画再加上这些闪闪发光的工艺品，为这座素淡的教堂添上了点睛的一笔，让整个教堂都变得生动起来了。

若是你站在教堂的外面仰视高约 40 米的钟楼，便会发现，钟楼的尖顶使整座建筑看起来都拔高了，这座教堂像是要窜到云层里一样。淡雅的钟楼、湛蓝的天空，以及那些游荡的白云构成了一幅美丽的图画。

室内的装饰是匠人们用心制作的图画，室外的美景是来自大自然的杰作，这个美丽的教堂，就像是一幅油画。

新古典主义代表
——三部曲

一部曲是指雅典大学、希腊国家图书馆和希腊国家科学院。

三座建筑当中融入了许多古希腊的元素但又不失现代感，给人一种新鲜的感觉。站在希腊国家科学院前的广场上，人们首先看到的是入口阶梯处的苏格拉底和柏拉图坐着的雕像。

两座雕像面对着大众，身材丰满有形，面部表情严肃认真，像是在沉思着什么，不知道这两位闻名于世的大学者又有怎样震惊世界的想法？

这两位学者闻名世界，他们的思想也影响着越来越多的人。他们的雕像被摆放在希腊国家科学院前的广场上，可见两位学者在希腊人心目中的地位。

希腊国家科学院门前的两根巨柱上，分别站着雅典娜和阿波罗。在正门的横楣上，还雕刻着以主神宙斯为中心的十二主神。这十二个主神表情生动，造型不一，就连衣裙的褶皱都被雕刻得特别细致，如果再找一个画家上颜色，恐怕会让人以为真的人站在上面了。

中心的主神宙斯表情端正严肃，让人不寒而栗。希腊神话中的宙斯独断专行让人畏惧，但他却是最具威严的。在大多数的雕塑作品和画作中，宙斯的面部表情常常像是要发怒，这在十二座面相柔和的神像中尤为突出。

古希腊神话的人物，在希腊建筑物的各种地方都能看到。可见希腊神话对希腊人的影响是多么的巨大。

建筑物上的每一件雕刻，大到一个人物，小到一片花瓣一株小草，每一件都惟妙惟肖、栩栩如生，让人不得不感叹这些工匠的技术。走近这些建筑物，你会发现指甲盖这种小细节都被雕刻出来了，让人忍不住惊叹。

每走几步就有一件雕塑作品，件件精美，这得花多少时间、用多少工匠来建造这座建筑物？

希腊国家图书馆门前楼梯的造型看起来是柔和而高贵的。

圆形的设计给人一种柔和温婉的感觉，就这样一步步慢慢踏上楼梯，人们仿佛将要进入殿堂，完成一件重大的事情。

希腊国家图书馆以藏书多著名，馆内收藏着许多的古书以及有名的文学作品。毫不夸张地说，这个国家的文化都被保存在这里了。

雅典大学外墙上的壁画是最让人震惊的。壁画的内容是人们熟知的古希腊神话当中的比较出名的情节，浓墨重彩，给人们一种美好的享受。

三座建筑物就这样并排地站在一起，就像是三名雄壮威武的将军，气势雄浑，让人叹为观止。这三部曲，像是三座大型的艺术品，让人不忍心使用，只想小心翼翼地呵护着它，慢慢欣赏，一点一点地去发现它的美。

别样的风景
——利卡维多斯山

到了雅典，怎么能不去利卡维多斯山看看夜景呢？

利卡维多斯山是雅典海拔最高的地方，站在山顶上可以看到雅典全城。这座山的海拔不高，只需要一个小时左右就可以登顶。可以在山脚下坐缆车，也可以选择步行上山。

上山的路是不固定的，所谓条条大路通罗马，只要方向是对的，逐级而上，你就一定能到达山顶。或许正是因为这样的不确定性，才让登顶变得更加有趣。上山的过程中，你还可以一边欣赏城市的风光，一边与大自然亲密接触。

利卡维多斯山没有被完全开发，自然风光十分吸引人。这里可是完完全全的泥土地，脚下是泥土、石头，头顶就是湛蓝的天空，棉花糖一样的云朵飘荡在天空上。

山顶上的酒店也非常值得称赞。在清晨和傍晚的时候，可以站在酒店的阳台上观赏日出日落。夏天的夜晚还可以在山顶的露天剧场观看演出，在拥有巨大落地窗的餐厅里观看雅典城中华灯初上的美丽景象。天气晴朗的时候，站在山顶，还能看到远处的大海。

艺术家的聚集地
——圣使徒教堂

$雅$典的古典建筑物比较集中，游览完这个景点，漫无目的地往前走，不一会儿，你就能收获惊喜：又一栋漂亮的建筑物出现在面前。

在卫城脚下的圣使徒教堂就是这样的建筑。可贵的是，它是少有的没有遭受过大破坏的建筑物之一。虽然经受了悠长岁月的洗礼，看起来有些沧桑，但是它仍然矗立于此，散发着柔和而温暖的光芒，在阳光下熠熠生辉。

雅典的残垣断壁很多，或许游客已经习惯对着残存的巨大石柱，想象那些建筑曾经的辉煌。突然来到这样完好的建筑前，反而会有些不适应呢。

等刚开始的不适应消失后，人们就可以自由地欣赏这座教堂了。最引人注目的是它的小细节，窗户上镂空的雕花、门上金属的浮雕、拼凑出美丽花纹的大理石地面、墙壁上和穹顶上的壁画、外墙上装饰的文字图案……这一切都让人印象深刻。

在很多人印象中，教堂是严肃、庄严的，但是圣使徒教堂却恰恰相反。它是轻松、愉悦的，是艺术家的聚集地。教堂前总有拉琴、跳舞的人，他们热情、快乐，行人总会被他们感染，加入他们的舞队中。

若是遇上婚礼，这里就更热闹了，看见新人出来，人们都会送上自己最真挚的祝福，不管自己是否认识这对新人。

月上梢头，这座教堂又展现出不一样的面孔。夜色下的教堂显得更加的神秘，给人们的心中带来一丝静谧和清凉。

品味古市集中的韵味和风情

古市集藏在蒙纳斯提拉奇老城区里，与老城融为一体。在老城里闲逛时与古市集邂逅，别有一番风味。

这里不仅仅是商业贸易活动的场所，也是政治、社会活动的中心。苏格拉底就曾在这里阐述他的哲学。

如今的老城区，店铺、民居都已改头换面，原来的古市集现在已经变成博物馆了，展示了很多在此地出土的陶器、壶等日常用品。在遗址上建起的博物馆，也是古希腊遗迹中唯一被完全复原的建筑物。

然而，仅属于老城区的那种韵味与风情依然存在，并且将一直传承下去。

站在古市集中，想象当时的苏格拉底是以什么样的姿态、语气、表情来阐述他的观点，又是用怎样的气势来与别的学者辩论，倒是别有意趣。

古老的东西已经改变了，经久不衰的是代代相传的文化。

属于奥运的宫殿

——扎皮翁宫

扎皮翁宫是建在一个花园里的宫殿，周围的草场广阔，宫殿显得特别的大气。这是一座中规中矩的建筑物，正面的玄关与柱廊都特别的匀称，整体看起来很是规整。这座建筑物虽然大，却没有给人一种笨重之感，氛围也不沉闷。

　　将它称之为"宫"名副其实，这样一座庞大的建筑物，的确对得起这个名字。不少人在看到它的第一眼，还以为它是仅供古代王公贵族享乐的宫殿。实际上，这个地方的用途你绝对想不到。

　　我们从这个建筑的名字说起，这个名字源于一个希腊富商——万杰洛斯·扎帕斯。这个富商生前非常关注奥运会并热衷于资助奥运事业，他去世时留下遗愿，表示愿意用自己的遗产修建一座建筑，用于举办奥运会。而被修建的这座建筑就是扎皮翁宫。

　　后来这里成了希腊的会议中心，不同的人们往来于这里，商讨着重要的事情。这座雄伟的建筑物见证了许多历史事件的发生。在 2004 年希腊奥运会期间还曾做过会议中心，用来商讨有关奥运会的各项事务。起到了这样的作用，也算是完成了资助这座建筑的商人的愿望。

　　宫殿的周围环绕着一个花园，宫殿里的人忙忙碌碌，花园里却是一派悠闲情景。工作累了，从窗口看看花园里的景色，倒是能缓解疲劳。

　　走在花园中，人们能隐约闻到弥漫在空气中的淡雅的花香，心旷神怡。花园里各式各样的鲜艳的花朵让人眼花缭乱，没有人舍得离开这个美丽的花园。

老城迷宫的尽头
——协和广场

来雅典之前，很多人对我们说："不要去协和广场，那里治安不好！"然而，因为协和广场交通便利——位于雅典市中心，是重要的交通枢纽，旁边就是普拉卡老城区和女人街，所以即使我们心惊胆战，一天也要经过协和广场好几次。

白天时，协和广场并没有传说中那样可怕。虽然商店大多不营业，灰色的墙壁上画满了涂鸦，行人抱着包匆匆而过，但是那些精巧的楼房、别有意趣的观光巴士，却在向人们诉说着往日的繁华。

协和广场曾是希腊最繁华的广场，五星级酒店、各大品牌店云集，人们都愿意来这里度过周末。甚至有人说，不去协和广场逛上一圈，就不算来过雅典。然而，经济危机和难民潮让协和广场由一个富家公子变成了一个落魄少爷。商人们纷纷搬离了这座广场，乞丐、小偷和毒贩成了协和广场的新主人。

白天，这些人会想办法掩盖住自己的气味，他们穿上干净整洁的衣服，装出一副亲切和善的面貌，和那些满眼好奇的游人打招呼："这是希腊的特色工艺品，你一定不能错过。""我想和你交个朋友，一起去喝一杯怎么样？"几句寒暄过后，总有几个防备心不高的游人中圈套，买一个劣质的工艺品或付天价酒钱。

晚上时，这些人便更加毫无顾忌了。偷窃、抢劫、吸食毒品，这里简直是罪恶的源泉。希腊政府不得不派遣警察驻守在这里，以免出现更多的案件。

尽管如此，还是有很多普通人生活在这里。我们就遇见一对在此开店的华人夫妇，谈及为什么要生活在这里，他们回答道："协和广场交通便利、房租低廉，住在这可以降低生活成本。"说完，他们忍不住叹了一口气，脸上满是无奈，只有他们的女儿在专心致志地吃巧克力冰淇淋，不知世事艰难。

第五章

那些古老又神秘的建筑

在希腊，残垣断壁很常见。当你路过某个由几个巨大石柱支撑的建筑物时，当地人可能会告诉你，那是拥有上千年历史的神庙。

这些古建筑看似破败，实际代表了古老的智慧，其中蕴含了数不清的故事。让我们走进这些古老的建筑，走进神秘的古希腊。

罗马时代的凯旋门
——哈德良拱门

哈德良拱门位于卫城的东南方，横跨雅典中心的一条古老道路，这条路通往城市东侧包括奥林匹亚宙斯神庙在内的建筑群。兴建这座拱门是为了庆祝罗马皇帝哈德良在公元 131 年的到访。

拱门非常醒目，造型优雅、气势十足，而在拱门的正后方，就是著名的宙斯神殿遗址，目前那里已经是一片凌乱、荒草蔓蔓的废墟。

拱门的造型特殊——大门的上层以圆柱架构出三个门洞，这在当时十分少见。有人说，哈德良拱门之于古罗马，就如同凯旋门之于法国。那时，单看这巍峨的拱门，便知古罗马的强盛。

经过几千年的风吹雨打，哈德良拱门的外形早已被风雨冲蚀得斑驳不堪，但它承载着的历史却不会随风而逝。

站在拱门下，你会有一种恍如隔世之感。因为拱门的左边是古老的宙斯神庙，右边则是现代化的雅典城市。

哈德良拱门的周边有很多大型的建筑遗址，与它们相比，这个看起来很不起眼的建筑显得有些不值一提。而人们从这里匆匆路过，好像并不在意它是否存在。但是它已经成为人们生活中的一部分，融入到这里，不可分离。

暮色下的哈德良拱门，给人们带来强烈的历史冲击感，好像在诉说着：此门之外是神的国度。

花瓣形的图书馆
——哈德良图书馆

这个图书馆已经完全看不出它原来的样子了，只剩下一片足以显示它曾经辉煌的四瓣形地基。如果没有导览牌的指示，你可能不会知道这就是大名鼎鼎的哈德良图书馆。

哈德良图书馆是罗马皇帝哈德良在公元 132 年下令兴建的，在公元 267 年没有逃过被赫鲁利人捣毁的厄运。

站在这片土地的最高处俯视这片地基，大大小小的石头覆盖在地面上，这里更像是一片废墟。又有谁能想到，这里曾经有一座精美的建筑物。

在这片地基上走一走，如果你足够细心的话，就可以发现地面上用彩色的石头拼成图案的马赛克，这是哈德良图书馆的遗迹。

人们可以清楚地看到马赛克上面的图案，这么多年过去了，石头的色彩还很鲜艳，就像是刚刚拼上去一样。

在一片平淡无奇的石头之间发现这样一个小惊喜，总会让人们内心一阵欣喜，心情都变得美丽了。

被保留下来的还有图书馆的入口和北半边的柱子。虽然这些柱子也破旧不堪了，但是人们依旧能够从上面看出哈德良图书馆的特殊之处，在那个建筑风格千篇一律的时代里，哈德良图书馆显得尤为新颖。

了解历史的人会知道，哈德良是罗马帝国安敦尼王朝的第三位皇帝，五贤帝之一。他统治期间，国泰民安。人民很敬重他，希腊有很多以他的名字命名的建筑物，比如哈德良图书馆、哈德良拱门等。

清晨，站在哈德良图书馆地基的阶梯上，呼吸着清新的带着大海味道的空气，听着风吹过树杈间的声音，仿佛回到了曾经完好的哈德良图书馆。我们也能手执羊皮卷，徜徉在书海里了。

残留的记忆
——宙斯神庙

现在的宙斯神庙只剩下断垣残壁了，但是外形的破败仍掩盖不住它磅礴的气势。缓步走上前去，安静地观赏这座残留的神庙，心中仍是敬仰的。

这座神庙是为了祭祀主神宙斯而建立的，是古希腊最大的神庙之一，也是希腊的宗教中心。它建成于公元前456年，公元前86年，罗马指挥官苏拉攻破雅典，破坏了神庙的建筑，将一部分石柱和其他建材拆下来运到了罗马。

神庙原以象牙和黄金塑像闻名于世，如今大多数文物都被收藏到博物馆里了，原址显得有点冷清。然而，即便这里只剩下一个残缺不全的框架，还是能让人感受到几千年前的恢宏气势。

面对这样的神庙，人们会生出无尽的感叹。人们可以轻易想象出，几千年前这里的雕像栩栩如生，庙顶上的壁画惊艳世人，虽不是金碧辉煌，但是其强大的气势丝毫不输黄金宫殿。

如今，巨大的石柱依然高耸矗立，只是掉落的石梁躺倒在摇曳的草丛中，若再加上一轮夕阳，那便更有一种沧海桑田的感觉了。

在阳光下，白色的石柱显得异常的耀眼。风吹过草丛，被梁柱压着的蒿草不住地摇摆，与岿然不动的石柱形成了鲜明的对比。

这座古老的神庙经受的不仅仅是风雨的冲蚀，更是历史的洗涤。曾属于这里的一切，或被掠夺走，或被搬运到安全的地方，或被收藏保护，或被修缮重建，留下来的已经寥寥无几了。

这座古老的建筑物，再也不复往日的恢宏模样。但是它不服输似的矗立在那里，向一代又一代的人讲述它的故事，让更多的人了解它曾经辉煌的历史。

即便没有了往日的辉煌，它也仍然散发着自己独有的光芒。

折翼女神——雅典娜胜利神庙

雅典娜女神是否存在？对于这个问题，可能不同的人有不同的看法。然而纵然希腊神话虚无缥缈，雅典娜胜利神庙却是真实存在的。在希腊神话中，雅典娜是代表智慧、胜利、技艺的女神。相传，她曾与海神波塞冬大战，最终取得了胜利，成了雅典的保护神。为了祭奠她，希腊人在公元前 421 年修建了雅典娜胜利神庙。

经历了许多次的战争后，这座神庙已经面目全非了。特别是 1687 年，土耳其人在和威尼斯人争夺雅典城时拆毁了这座神庙。但幸运的是，虽然受到了战争的摧残，但是神庙的地基却异常的完整，利用这一优势，考古学家搜集了废墟上的碎片，再利用现代的材料，恢复了这座神庙的原貌。

　　除了神庙本身还残留的碎片之外，所有的现代材料都使用了不同的颜色。这样的做法使这座神庙看起来有些古怪，也有些斑驳，但能让人们一眼就能看出它曾经的模样。

　　神庙的一角还有女神柱，虽然为了保持神庙的完整，女神柱已经被运到博物馆收藏了，但是留在这里的赝品依然让人感到惊奇。直接在柱子上刻成雕像，这还真是第一次看见呢。

　　内殿原有一座胜利女神像，即著名的"无翼女神像"。其实在古希腊神话故事中，胜利女神应该是有翅膀的。然而，因为古希腊战争频繁，人们希望永远得到女神的庇佑，所以他们"砍"下了女神的双翼，希望她永远留在这里。

　　这个做法颇有些简单粗暴，不过这也代表着古希腊人民朴素的愿望：永远和平。

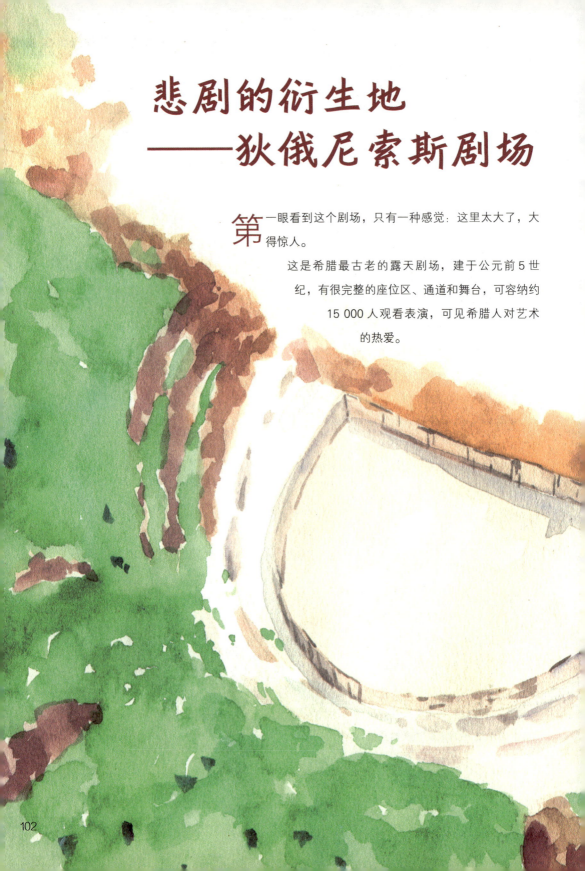

悲剧的衍生地
——狄俄尼索斯剧场

第一眼看到这个剧场，只有一种感觉：这里太大了，大得惊人。

这是希腊最古老的露天剧场，建于公元前5世纪，有很整整的座位区、通道和舞台，可容纳约15 000人观看表演，可见希腊人对艺术的热爱。

让我们先来了解这个剧场名称的由来。狄俄尼索斯是希腊神话中的酒神，他从出生起就命途多舛，屡遭迫害。他是主神宙斯与情人生的孩子。王后赫拉因为嫉妒，多次想要杀掉年幼的狄俄尼索斯，但是都被宙斯阻止了。

成年后，他再次遭到王后赫拉的迫害，被迫来到民间，四处流浪。在民间，他教会当地的农民酿造葡萄酒，因而被人们称为酒神。这个剧场最早也是向酒神祈祷的地方。

如今剧场的一部分场地仍作为演出的场所，剩下的部分则作为景点向游客开放。节日期间，剧场里就会变得格外热闹，人们在此看喜剧，这里变成了欢乐的海洋。

剧场依山坡而建，如果是在白天，你还能看到远处乡村的秀丽景象。这样露天的剧场，完全面向大众，好像随时欢迎人们前来。

戏剧来源于生活，又回归生活。露天的剧场与城市乡村融合在一起，既丰富了人们的生活，也收获了更多的素材，让戏剧更加繁荣。

坐在这样的一个剧场里观看表演，让人恍惚间回到古希腊文明最鼎盛的年代，感受当时的熙攘，看到依旧鲜艳的古文化之花。

被复原的希腊
——阿塔罗斯柱廊

这里已经变成一个博物馆了，宽大的柱廊拥有着光滑的大理石地面，高大洁白的石柱完美地展现了希腊风格。

阿塔罗斯柱廊建于公元前 138 年，远古时期这里是雅典人最大的聚会和步行场所，也是主要的商贸中心。公元 267 年被赫鲁利人摧毁，并与晚期罗马时期的雅典城墙结合在一起。

人们在原先的废墟上重新修建了这样一座建筑。值得一提的是，这里是严格按照原貌修复的，只是在建造的技艺上比原来更加精湛，结构也显得更加精妙。

阿塔罗斯柱廊给人以宏伟的气势，这种感觉如此强烈，以至于你站在百米外就能感受到。站在巨大的石柱旁，会有一种恍惚感，好像自己此刻来到了古希腊。而柱廊的尽头，会出现一个身穿飘逸长裙的女子，走到你的身边，将你引入熙攘的古希腊人群中。

坐落在卫城中心的神庙
——帕特农神庙

在卫城博物馆的玻璃走廊上，可以清楚地看到不远处的帕特农神庙，这座神庙拥有不一样的气势，这么多年过去了，依然傲然挺立。

和宙斯神庙一样，帕特农神庙也不再有往日的辉煌，它建于公元前432年，在1687年土耳其人与威尼斯人的战争中被毁。它矗立在卫城的中心，经过了2000多年的风雨剥蚀，庙顶已经坍塌。这座没有了庙顶的神庙，看起来有些破败，给人一种摇摇欲坠的感觉。

但是它粗壮的石柱仍然奋力支撑着，在风雨中谱写着不老的神话。

神庙的中心原有一座以象牙打造的雅典娜神像，高约12米，有金色的战袍和头冠。但不幸的是，这个珍宝在拜占庭时期毁于大火，如今人们只能看到缩小版的仿制品。

105

庙顶塌了，雕像也被毁了。如今，帕特农神庙向人们展示的，除了依旧巍峨的外形，就是一条长约 160 米的浮雕带。

　　浮雕的主题是泛雅典娜节游行活动。在这个浮雕带中，游客可以看到神态各异的古希腊普通公民。你可不要小看这条浮雕带，因为这是古希腊人第一次把普通公民的形象列于庙堂之上。

　　浮雕虽然剥蚀严重，但是仍然可以清晰地看出所表达的内容，从游行开始到献袍，每个人物形象都非常生动，浮雕带一气呵成，让人不得不感叹工匠的技艺精巧。

天神赐予的火种
——赫拉神庙

这里是奥运火种起源的地方，每一届奥运会举办的时候，都要来这里采集圣火，再传递到举办本届奥运会的国家。这让人不得不惊叹，这个看起来平凡得不能再平凡的地方，却承载着如此大的使命。

赫拉神庙的历史非常悠久，早在公元前 1000 年前后，古希腊青年就在这里竞技，它原是献给宙斯的，直到约公元前 580 年厄利斯开始控制奥林匹亚时它才被奉献给赫拉。里面供奉着女神赫拉像，公元前 776 年第一届古代奥林匹克运动会在这里举行，比赛的优胜者可以获得月桂、野橄榄和棕榈编织的花环等。最初的赫拉神庙是木制的，后来才渐渐改造成石头的，4 世纪时的一场地震摧毁了这座神庙。

如今的赫拉神庙只有一堆杂乱的石头，光看样子，人们无论如何也与神庙或运动场联系不到一块儿去，但它确实是这个世界上现存的最古老的运动场。

在现存的遗址上，人们依稀还能看到原来跑道起点的痕迹。在场地的一边，还保留着石制的看台。凭着想象，再加上一些介绍，配合着这些残存的蛛丝马迹，在脑海中复原这座神庙的原状，也没有那么难。

值得一提的是 2007 年，希腊遭遇了历史上最严重的火灾。那场大火焚烧了希腊近一半的林地，也吞噬了赫拉神庙遗址周围的绿树。大火直逼赫拉神庙，最近的火苗离遗址仅有几米之遥。幸运的是，在消防人员全力扑救下，这场大火绕过了赫拉神庙。

在提到这次大火的时候，当地人还心有余悸。"幸好大火改变了方向"，他们长吁一口气，又说："大概是希腊诸神在保佑这座神庙。"神灵真的在保护这座神庙吗？我们不得而知。游客看到的是希腊人对这座神庙的保护，是希腊人对古文明的重视。

古老的智慧
——风之塔

这是一座八角形的建筑物，不同于希腊大部分建筑物，它没有恢宏的气势，给人的感觉只有精致、小巧。

塔的形状已经让人耳目一新了，塔身上的浮雕更是让人连连称奇，赞不绝口。塔身的八个面上分别雕刻着八个风神，形态各异、栩栩如生。它已经建成了很长时间，却没有受到岁月的侵蚀，如同年近不惑的妇女，却拥有二八少女一般的容颜，不得不让人惊叹。

为什么它能"保养"得这么好？也许是因为它小巧，从前的时候不太能引起人的注意。又或许是因为它一直都被人使用，所以没有受到什么破坏。

109

风之塔的周围还不规则地分布着九个日晷指针，整个造型看上去像是摆了一个阵，看起来非常有趣。等太阳没那么刺眼的时候，站在这个阵里，看看周围的日晷，还真是一种别样的体验。

风之塔曾被作为风向标使用，塔的内部还有来自卫城的水带动的水钟。那时，这个小塔兼备了方向指标、计时、测量风向的功能。

那是一个日出而作、日落而息的年代，人们只能通过太阳的方位来判断时间、辨别方向。这样一个建筑的出现，无疑为周围的居民造福，让人们的生活过得更加有规律。

不知道水钟运行的时候，会不会有清脆悦耳的滴水声。若是有的话，这些滴水声，大概是雅典人民最好的安眠曲吧。

奇妙的阿迪库斯露天剧场

如今，这里已经变成一个露天的剧场。许多年前，它漂亮的杉木顶毁于一场大火，而人们也没有再修复被烧毁的屋顶。

阿迪库斯露天剧场是希腊古时的一位大哲学家为了纪念他去世的妻子而建造的，建于公元 161 年，是世界上最古老的剧场，后来捐赠给了雅典政府成了公用的剧场。

这是一座半圆形的剧场，看台由白色的大理石砌成，有三十二阶，正对着舞台。舞台的背景是一面巨大的墙，大约有三层楼高，上面是罗马式的窗户，阳光透过窗户进来，影子便留在了对面的看台上。

这样的剧场看上去很高贵大气，像是一个高雅艺术的殿堂，如果当初漂亮的屋顶没有遭受毁坏，这里应该更加美丽。

站在看台上看向舞台，有一种居高临下的感觉，能够纵观全局，让人们清楚地看到台上所有演员的一举一动，更加深切地感受到表演的氛围。

　　或许，在这样的一座剧场里表演，台上的演员的压力更大。

　　这个存在了 2000 多年的古老剧场，如今仍然被经常使用。不知道，穿着现代服饰的演员们站在这个古老的舞台上，会不会有一种穿越时空的感受？如果表演一场古装戏剧，穿越时空之感会更加强烈吧。

　　坐在这样的一个剧场里，人们会有一种时空错乱感，在那些古老看台之上，古雅典人的悲欢喜乐离人们如此之近。

远古的工厂
——凯拉米克斯

凯拉米克斯位于卫城南部，它曾经被分为两个区域，一个是古代官员的墓地，另一个是古雅典的陶工区。

墓地的一部分现在作为景点供人们参观，而陶工区现在已经变成了一个博物馆使用，用来展出从这里出土的陶器。

这里可能是最原始的工厂，它坐落在城市的外围，生产城市里人们生活的必需品，工人们在这里有序地劳作。

来到这里有一种不一样的感觉。在雅典，见得最多的是洁白的大理石，好像一路走来，看到的都是石头的建筑、雕像、各种各样的柱子，这个地方把人们带到一个不一样的天地。

在这里展出的陶器，风格不一，有的华丽，有的朴素，陶器的形状多样，用途也多种多样。陶器上面的花纹依然清晰可见，色彩并不丰富但十分鲜明，摆放在展台上的陶器在灯光的照射下格外的漂亮。

在古希腊，陶器是最常见的生活用品。人们吃饭要用它，喝酒要用它，就连写曲子都会用到它。对古希腊人来说，普遍存在于日常生活中的陶器，自然算不得艺术品。

然而到了现代，这些易碎的、保存难度大的陶器，变成了珍贵的文物。

现代人几乎不再使用陶器，当人类拥有了轻便、耐摔的器皿之后，就淘汰了陶器这类沉重且易碎的生活用品。

但是在那个物资匮乏、科技落后的时代，陶器是人们生活中必不可少的物件。它在人们的生活中充当着重要的角色，某种程度上，陶器也代表了一个时代，也代表着进步与发展，是人类历史上的里程碑。

第六章

刷新雅典历史的名人

　　即使你不熟悉希腊的历史，但是苏格拉底、柏拉图、亚里士多德，你一定不陌生。是的，他们都是古希腊人。这片土地养育了他们，他们也用自己的思想影响了一代又一代希腊人。

　　让我们走近这些思想家，走进那段传奇。

为教育事业奉献一生的苏格拉底

苏格拉底是古希腊的一个大学者，与柏拉图、亚里士多德并称为"古希腊三贤"，也是西方哲学的奠基者。苏格拉底还是一个尽职尽责的好老师，相信很多人都听说过他为学生上课的故事。

有一天，他带着学生来到了一块成熟的麦田边，无边的麦田闪着金黄色的光，沉甸甸的麦穗都耷拉着脑袋，仿佛在等着人们来收割。

苏格拉底让他的学生们穿过麦田并摘一个最大的麦穗出来，只许进不许退。

地里到处都是大麦穗，到底哪一个才最大呢？学生们埋头向前走，他们总以为最大的还在前面，不知不觉地就走到头了。

苏格拉底大声地提醒他的学生们："你们已经走到头了。"学生们这才回过神来，回头望了望身后的麦田，后悔没有早些摘下"最大的麦穗"。

苏格拉底通过这样一节特殊的课，教会学生一个道理：人的一生就像是在麦田中行走，人们在寻找最大的"麦穗"。有的人看见颗粒饱满的"麦穗"，便不失时机地摘下它；有的人则犹豫不决，一再错失良机。把眼前的握在手中，才是最实在的。

苏格拉底把自己的一生都奉献给了教育事业，他拥有丰富的教育经验和教育理论，却没有创办自己的学校。

这是因为，在苏格拉底看来，自己的课堂可以在任何的一个角落，广场、庙宇、街头、商店、作坊、体育馆……都可以讲学。

他的学生也都是形形色色的，他们来自于社会各个阶层。据说，只要向苏格拉底求教，他都会热情地答疑解惑，对所有人一视同仁。

当时，其他教师都是收学费的，但苏格拉底不收取分文。他的生活过得很清贫，但是他却非常享受这种生活，乐在其中。

他认为，人一定要接受教育，不论是天资聪颖还是天生愚钝的人，想要有所成就，就必须勤学苦练。

在他的教学过程中，还发生过这样的一件事情。在开学的第一天，苏格拉底给他的学生们布置了一项任务：他教给学生们一个简单的动作，让他们每天重复 300 遍。他的学生们都觉得很好笑，这么简单的事情，谁做不到呢？

但是一年之后，当苏格拉底再次向学生们询问这件事情的完成情况时，全班只有一个人坚持下来了，而这个人后来成了苏格拉底的接班人。

苏格拉底的教育目标是要培养治国人才，他认为只有有德行的、有广博的知识的人才有资格治理国家。他说，在所有的事情上，受到尊敬的人往往都是学识渊博的人。

他还鼓励学生锻炼身体，曾亲自担任运动员的教练。苏格拉底告诉他的学生，无论在什么时候，健康的身体对体力活动和思维活动都十分重要。但健康的身体不是天生的，人只有通过锻炼才能变得强壮。

多年的教学经验，让苏格拉底形成了自己的一套独特的教学方法：问答法。

苏格拉底在课堂上，不会把某种概念直接教给学生，而是通过提问一些问题来启发学生自己领悟其中的道理。他通过这种方式来引导学生思考，一步一步得出正确结论。

苏格拉底倡导的这种启发式的教学方法对后世的影响很大，直到今天，问答法依然是一种非常重要的教学方法。

苏格拉底热爱雅典城邦，他的一生都无怨无悔地为他所热爱的事业而付出。然而他特立独行的风格也让他饱受非议，最终被雅典法庭以侮辱雅典神、引进新神论和腐蚀雅典青年思想的罪名判处死刑。苏格拉底曾有机会逃跑，但他拒绝了，认为那会破坏雅典法典的权威，他坦然喝下毒堇汁而死。

后来他的思想被世代流传，渐渐发扬光大。他虽然已经离世，但越来越多的人成了他的学生。

柏拉图和他的《理想国》

柏拉图是雅典的贵族，他曾经是苏格拉底的学生，后来在众多的学生中脱颖而出，成了苏格拉底的接班人，与老师苏格拉底、学生亚里士多德并称为"古希腊三贤"，是西方文化中最伟大的哲学家和思想家之一。

苏格拉底去世后，柏拉图游历四方，宣传自己的政治思想，失败后逃回雅典，创办了学校，从此之后便一直从事教育业，直至逝世。

漫步在雅典，人们不难发现在雅典的各个地方，尤其是与教育或者学术研究相关的地方，都有苏格拉底和柏拉图的雕像，可见这两位学者对希腊的影响之大。

　　柏拉图是西方客观唯心主义的创始人，他还研究出了金字塔形的教学体系，以学生年龄分段，每个不同的年龄阶段都有不同的学习内容。课程体系全面且丰富。

　　柏拉图还认为人们对那些变换的、流动的事物不可能有真正的认识，人们对它们只有意见或看法。唯一能够被真正了解的，只有那些能够了解的形式或者理念。在他看来，知识是固定的和肯定的，不可能有错误的知识，但是意见是有可能错误的。

　　柏拉图还有一部非常有名的作品《理想国》，书内描绘了一幅和谐美好的生活景象。在这样一个国家中，男人和女人存在着完全的平等，每个人都应该做自己该做的事情，不要打扰别人。

　　理想国的具体内容有三点：第一，每个人所需要的东西不同，每个人所能做的事情也不同，把不同的事情交给不同的人去做才合理，也就是社会分工，这样才能有一个和谐的社会。

第二，在分工的基础上又提出了交换、市场与货币，有了这些就必须有商业和商人。但是柏拉图又鄙夷商人，认为雅典人不应从事这种不体面的事业，他攻击商人唯利是图，认为国家要控制商人，使他们只能得到适当的利润。

第三，"共产"的观点，柏拉图认为每个人从事不同的行业是由天性决定的，他们只负责做好自己的本职工作，其余所有的一切都是全社会共有的。柏拉图认为这样有利于优生优育并防止出现腐败及内部冲突。

柏拉图的思想在现在看来是极其不成熟的，但在那个年代，拥有这样的一种思想非常难得，这是一个思想的大跨步。

　　在现在看来，这样的一个国家几乎是不可能存在的。但是在柏拉图的思想里，一个国家应该由哲学家来管理，才能最终达到理想中的样子。"理想国"其实是主张以正确的方式来管理国家。

　　虽然《理想国》中有看似成熟且可行的办法，但柏拉图并没有试图实现这样一个愿望，只为后世留下这样一幅美好的蓝图。

　　此外，柏拉图在数学方面也有很大的成就。他创造的柏拉图主义，是数学历史上影响最大的数学哲学观点。此后，西方的数学界一直有着或明或暗的柏拉图主义观念。19世纪时，柏拉图主义观念几乎在数学界占了统治地位。

　　柏拉图这位睿智的学者，留给人们的不仅仅是那些惊人的思想和学识，更是一种精神，激励人们不断地前进。

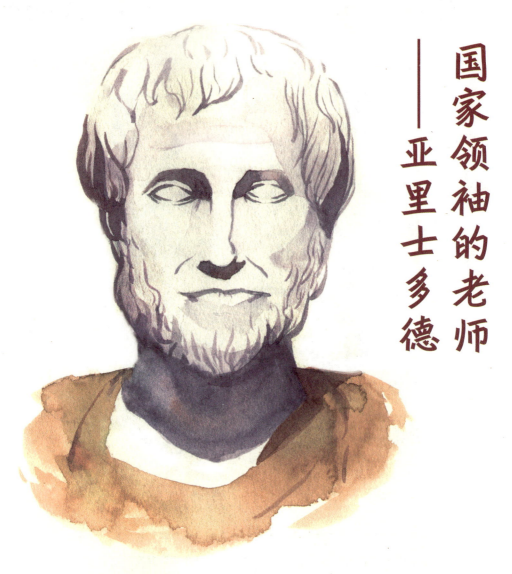

国家领袖的老师
——亚里士多德

亚里士多德曾经是亚历山大大帝的老师，他教给了这位伟大君主道德、政治以及科学方面的知识，他的思想影响了亚历山大大帝，使这位伟大的君主始终关心科学事业，尊重知识分子。

亚里士多德虽然做过大帝的老师，却没有一丝的虚浮骄傲之气，他仍然去做自己该做的事情，用自己的学识来影响更多的学生。

亚里士多德师从于柏拉图，却和柏拉图有着完全不同的思想，他抛弃了柏拉图的唯心主义观点，创立了属于自己的一套理论。柏拉图认为理念是实物的原型，它不依赖于实物而独立存在。亚里士多德则认为世界乃是由各种本身的形式与质料和谐一致的事物组成的。

亚里士多德也是"古希腊三贤"之一，是古希腊哲学的集大成者。他在很多领域都有属于自己的成就，是一位百科全书式的人才。

这样一位全能的人才，在他的老师柏拉图去世之后，选择了离开雅典，受邀去了别的地方发展，直到被聘请成为亚历山大大帝的老师。

亚历山大大帝执政之后，亚里士多德又回到雅典，创办了一所叫吕克昂的学校，他的学派被称为"逍遥学派"。在他的学校里，没有刻板的教条，大家交流起来十分愉快。那时，学生的思路是打开的，自然也就会学到更多的知识。

亚里士多德为世人留下的珍宝，无一不让人惊叹。真想穿越到过去，一睹这位伟大学者的风采。

时代的创造者
——伯里克利

伯里克利创造了一个时代。

伯里克利出身雅典名门，从小便受到了良好的教育，曾经学习过音乐、政治理论和哲学思想。在良师益友的影响下，伯里克利培养了高尚的情操和品格。

在一段时期内，伯里克利每年都被选担任雅典最高的官职：首席将军。这样标志着伯里克利时代开始了。

伯里克利在国内进行改革，通过了一系列的法令和措施。他首先使社会底层的劳动人民拥有一定的权利，将各级官职向广大公民开放，实行公薪制，限制雅典公民身份的范围。在他的统治下，雅典的奴隶制民主政体逐渐完善。

伯里克利时期，雅典的奴隶制经济、民主政治、海上霸权和古典文化臻于极盛。然而过了不久，一场灾难般的瘟疫突然袭来，带走了伯里克利的生命，伯里克利的时代结束了。

　　这无疑是一位伟大的人物，他在希腊的史册上留下了自己的名字并被后人怀念。在这位伟大人物的领导下，一个国家走向繁荣。

　　伯里克利的时代已经过去了，他给人们留下的是一段震撼人心的辉煌的历史。他是让后人骄傲的，是值得被学习的。他改变了一个国家，创造了一个不一样的时代。

第七章

独属于雅典的地方风物

雅典的风情是什么？实际上，这并不难问答。我们无须使用抽象的、笼统的词语，只需要说出这个地方的风物就可以了。

比如，独特而充满风情的首饰、柔润细腻的葡萄酒、别具特色的纯手工地图……无一不展现了雅典的风情。

葡萄酒的鼻祖
——希腊葡萄酒

希腊是葡萄酒的发源地，得天独厚的地理环境和气候条件使得希腊的葡萄产量大、质量高。传说，宙斯的私生子狄俄尼索斯被王后赫拉迫害，被迫到人间流浪。在人间，他教会了当地的农民酿造葡萄酒，由此被称为酒神。希腊人相信，狄俄尼索斯流浪的地方就是如今的雅典。

希腊的葡萄品种多达200余种，口味独特，无与伦比。作为一个老牌葡萄酒的生产国，希腊的葡萄酒出口到世界的各个国家且风靡各国。

希腊是世界上最早开始酿造葡萄酒的国家，葡萄酒的味道自然足够纯正。那些喜欢喝葡萄酒的人，还会以希腊葡萄酒作为标准来衡量其他国家的葡萄酒是否合格。

希腊人很晚才学会如何瓶装保存葡萄酒，在此之前，他们是不懂如何保存葡萄酒的，只能是酿好了就赶紧寻找买家，或者在这些酒变味之前把它们解决掉。有人说，希腊人之所以酒量这么好，是因为其节俭、不愿浪费的性格。

当然，这只是笑谈。其实，希腊人之所以如此擅长酿酒，与他们的生活方式有关。希腊人似乎一直都在过着田园式的生活，节奏慢并且随性，性格也温和。地中海养育了一方水土，而这些人们又让这方水土变得更加的美丽。

这是一个温柔的地方，时时处处都彰显着它独特的风格。

如今阳光照耀下的葡萄园显得更富诗意，一颗颗晶莹的葡萄推动希腊再一次地走向世界，让更多的人了解并深深地爱上这个国家。

被浓缩的雅典

——雕塑品

雅典的雕塑品是无可挑剔的，每一件都是那么的完美。不论是前人留下来的，还是现代的雕刻，都非常精美。

雅典的工匠好像对雕刻有特殊的天赋，好像他们从生下来就会这项技艺。或许是他们在母亲肚子里的时候，就常常伴着家中能工巧匠的雕刻声入睡，所以在没有来到这个世界的时候，他们就已经爱上了雕刻。

人们在雅典的大街小巷都可以看到雕塑品。对游客而言，最熟悉的还是在神庙中、剧场里，那栩栩如生的人物雕塑。人们站在这些雕塑前，久久不愿离去，似乎认为只要自己站得足够久，那远古的美男子就会变成真人，从墙上走下来。

这当然是不可能的，人们只能将它们记在心中或者相机里，将其变成自己难以忘怀的记忆。

实际上，你也不用艳羡，雅典也有精美且可以带走的石雕。

这些缩小了许多的雕塑，对工匠技艺要求颇高。因为要想在这么小的石头上雕刻出与原版相同的模样，需要特别精细的做工，以及极强的耐心。

雅典的雕塑品世界闻名，许多人慕名前来观赏这里的雕塑，这些小的雕塑品自然就成了游客们必然带走的物品之一。

石头这种东西，既坚硬，也柔软，坚硬到几千年风雨侵蚀仍能保持原本的样子，柔软到在人类的手中变成如此奇妙的样子。也许石头也有灵性，知道自己被变成什么模样会更加有意义。

看着这些令人目不暇接的雕塑，让人不禁会想，这到底是一个什么样的国度？这里的人把这样一件事情做到极致，让人无可挑剔，勾起了自己想要探索的欲望。

小物件上的大艺术
——希腊首饰

雅典是一个充满文化气息的城市，这里的每一寸土地，都能让你感到历史的厚重。在这里，你会发现从日常用品到奢侈物品，都充满了浓浓的希腊风情。

古代的希腊人是爱美的，几乎每一个稍有地位的妇女都会有胸针、发卡、发簪、项链、戒指等首饰。这些首饰也许并不华丽，但都造型独特。与现代的首饰不同，这些来自于古代的首饰，几乎没有一模一样的。

　　我们眼前可以浮现出这样一幅画面：古时，打扮精致的妇女戴着项链、发簪出门，她们本身就足够美丽，然而这些在阳光下闪烁出耀眼光芒的首饰，让她们成了人群中的焦点。

　　那些在平时能言善辩的小伙子，在她们面前也变得木讷起来。而那些没有出嫁的姑娘，在看到这样的场景后，也央求自己的母亲为自己打造一副首饰。

　　当然，当年的首饰已经不再适合佩戴了。如今，它们只能孤零零地躺在博物馆中，供人参观。为了让人们感受这些首饰的美丽，希腊人根据原型，制作出了许多的仿制品，还原了古希腊妇女们佩戴的精美的首饰模样。

　　要是你没有找到首饰博物馆也没关系。通过欣赏希腊建筑物上的浮雕，你也能感受古希腊首饰之美。即使被雕刻在墙上，古希腊的女性也要戴首饰！

　　不过，相比于现实中的首饰，浮雕上的首饰要小很多。由此说来，雕塑家的手比首饰匠人的手还要灵巧些。或许，雕塑家也可以兼职首饰匠人。

　　在妻子生气时，或是女儿沮丧时，雕塑家就会暂时转行。他找到原材料，细心雕刻，像是在制作自己最得意的作品。不一会儿，一件精致的首饰就在他手中诞生。至于这件首饰是否能讨得妻子、女儿欢心，就是另一个故事了。

　　不过，你可不要将所有的注意力都放在古希腊首饰上，哀叹自己生不逢时，不能佩戴这些首饰。实际上，雅典的现代首饰也值得你驻足细细品味。

　　值得一提的是，这些现代首饰上面竟然有雕塑。

　　首饰要比建筑物小得多，要在这么小的不规则的物体上面做雕塑，难度不可谓不大，因为一不留神，就会把原材料给毁掉，没有挽救的余地。这样一想，每一件精美的首饰，都能称得上是价值连城。

　　每一件首饰都是一个艺术品，小小的身体上面承载着大大的艺术，让人们不得不赞叹工匠技艺的精巧。

深受雅典人喜爱的橄榄

雅典的橄榄极负盛名。

雅典最不缺的就是橄榄树了。走在路上，随处都可以看到橄榄树，在这个气候、湿度适宜的地方，橄榄的长势都特别好。

人们利用大自然的这种馈赠，制造出了许多可以为自己所用的东西。比如，希腊人用橄榄来制造肥皂、乳液等日常用品。

此外，雅典人也十分珍惜橄榄树。在雅典，人们从不砍伐橄榄树，也不会将橄榄果随意丢弃在路边。在他们心中，橄榄是无私的奉献者，而橄榄枝则是和平的象征。

腌渍过的橄榄，是一道独具雅典特色的美味。腌橄榄类似于中国的咸菜，看起来微不足道，却是雅典人的餐桌上必不可少的一道佳肴。雅典人总是大量制作这种腌菜，却从来都不怕没有销路。因为无论是白发苍苍的老者，还是刚刚上学的幼童，都是这种美食的忠实支持者。

但雅典最有名的还是橄榄油。

雅典人把橄榄油分为好多种，除了可以用来煎炸食物的油之外，还有可以直接淋在沙拉上调味的橄榄油。雅典人还会在榨油的时候放入不同的香料，数十种不同味道的橄榄油由此而生。

喜爱橄榄油的人到了雅典，总恨不得把这个城市的橄榄油都尝个遍，看看这些师傅们的手艺如何。他们的愿望很美好，但是现实很残酷。因为在雅典，几乎家家户户都会榨橄榄油。那些发誓要尝遍所有橄榄油的游客，最后也只能带着遗憾离去。

充满趣味的希腊地图

希腊的地图称得上是品种繁复，花样众多。

市场上、商店里，各式各样的地图看得人目不暇接，都不知道该选哪一种了。

希腊是一个古老的国度，古往今来，有许多的探险家、考古学家和旅行家慕名来到这里，后人根据他们走过的路途，制作出了各具特色的地图。

这些地图的质感都很特别，也许是因为长途的旅行当中需要经常翻看地图，普通的材料更容易被损坏，所以人们选择了质量更好的材料。

每种地图的制作者不同，每一张地图的风格都不一样，都具有自己的特色。在那个时代，没有标准的通用的记号，人们在制作地图的时候，都用画图等通俗易懂的方式来标示某个特定的地点。

纯手工制作的地图在那个时候并不少见，但是到了现在，就显得极为珍贵。

留存在古希腊瓶画中的记忆

若是你想了解古人的日常生活，就去欣赏雅典的陶器吧。古时，陶器是希腊人最常见的日用品。陶器并不难制作，却用途广泛，自然受到人们的欢迎。

等这件器物成为生活中的一部分时，古希腊人就开始对其进行创新。形态的改变还是其次，最重要的是人们开始在陶器上作画。

其实，这种古希腊陶器的装饰画也有一个名词：古希腊瓶画。其内容丰富、艺术水平高、生动精美，是希腊美术中不能被忽视的一部分。

人们之所以如此喜欢古希腊瓶画，是因为上面描绘的多是当时人们生活的场景：有的陶器会描绘古希腊学校上课的情景。若你仔细观察，会发现一个有趣的现象：画中没有桌子！是的，在古希腊，学校里没有桌子，只有凳子。在上课的时候，孩子们只能将书本放在膝盖上。

还有的陶器描绘了古希腊人赛跑的场景。在制作的时候，工匠们虽然没有为画中人物添上清晰的五官，但是描绘了线条清晰的肌肉。这是因为在古希腊，人们非常重视锻炼，尤其是男孩，他们从小就被教育要成为一个身强体壮的男子汉。

这就是古希腊瓶画的魅力。在每一件小小的瓷器上，都有着明显的希腊特色的图案，不同的时代都有不同的风物。仔细欣赏这些图案，人们好像也回到了过去。

神奇的海洋的馈赠
——蜂窝海藻绵

蜂窝海藻绵，顾名思义就是长得像蜂窝的海绵，这是一种生长在海洋里面的天然海绵，是非常健康的日常用品。

希腊三面临海，当地人的生活起居都与大海有着密切的关系。这种天然的海绵在爱琴海一带很常见，因为寒暖流的交汇给海绵的生长提供了条件，当地生产的海绵都很优质。

海绵是一种藻类生物，等它在海中生长成熟，船夫就把它们采集上来，埋到海边干燥的地方，等它们只剩下骨骼，就成了可以使用的海绵。

刚刚从土地里挖出来的海绵是硬的，就像是一块块粗糙的石头一样，但是它一旦沾水，就会变得特别的柔软，适合用来清洁面部。这样天然的海绵用来护肤真的是再好不过了。

生长在海洋里的生物，每一个都有着自己独特的个性，每一个海绵也都有着各自的模样。蜂巢状的海绵清洁能力最强，更适合深层的清洁。小孔绵密较柔软的海绵则更适合比较娇嫩的肌肤。

别具一格的黄铜咖啡壶

希腊人爱喝咖啡，并且是特别浓稠的咖啡。

他们习惯在每天早上起床后煮一杯浓稠咖啡，美好的一天便开始了。当然他们偶尔也会去咖啡厅，但不会待很久，喝完一杯咖啡就会离开。

在大多数人印象中，咖啡厅都是安静的，是适合读书、工作、学习的地方。然而在雅典，咖啡厅却完全颠覆了人们的印象，拥有了不一样的功能。咖啡厅对雅典人来说，不是休息的地方，而是获取信息的场所，人们在这里交流、交换各自的观点。

普通的制作咖啡的方式并不能满足希腊人的要求，于是他们发明了一种新的煮咖啡的方式，以及特别的煮咖啡的工具。

这个工具就是黄铜咖啡壶。它有一个长长的柄，壶身小小的，壶的顶部还有一个小口子方便倒出咖啡。这样的造型与中国古代的盛酒器有些相似。

煮咖啡没有太多烦琐的工序，只需要把磨成细粉的咖啡、糖和水一次性地全部加进去，等咖啡沸腾的时候把浮沫撇掉就可以了。把咖啡倒出的时候也不需要过滤，连带咖啡渣一起倒入杯子里，等到咖啡渣沉淀到底的时候，就可以喝了。

最后剩在杯底的咖啡渣，就被用来占卜一天的运势，如果咖啡渣的形状正好是杯底的形状，就预示这一天都会遇到好事情，人们一整天都会因为这杯咖啡而有一个好心情。

当然了，咖啡占卜仅供娱乐，无聊的时候试一下还是很有趣的。希腊式的黄铜咖啡壶煮出的咖啡的确有独特的风味，值得去尝试一下。

第八章

雅典的美食，地中海的味道

　　若是单看菜单，或许你不会被雅典的美食吸引住。的确，除了沙拉、小鱿鱼，就是肉饼、烤肉。看上去既无特色，又无风情。

　　实际上，美食之所以让人难以忘怀，除了它本身的滋味，还在于你品尝美食的环境。试想，坐在露天餐厅中遥望爱琴海，与当地人一边聊天一边喝茴香酒，那普通的滋味是否也会变得特别呢？

肉食者的福利

——苏富拉奇

希腊人是离不开肉的，这是一个无肉不欢的国度，尤其是牛肉和羊肉。

在希腊能看到的纯素菜非常的少，几乎每一道菜里面都会有肉，并且数量还不少。虽然喜爱吃肉，但是希腊人也很注重营养的搭配，希腊人食用的菜品种类非常丰富并且对菜品的要求也很高。

希腊人爱吃油大的、味道浓重的菜肴。这种口味的菜倒是与中国的京菜和川菜有些类似。

苏富拉奇就是其中的翘楚。你不要看它的名字如此绕口，其实它的同类经常出现在我国的夜市摊中。是的，苏富拉奇是一种很受欢迎的烤肉串，原料可以是猪肉、羊肉或者鸡肉。

人们将切成大块的肉，串在竹签上，撒上口味浓重的调料，富有雅典风情的苏富拉奇就做好了。这是一道绝不会让人失望的菜，也是雅典人民的平民菜系，几乎没有人不爱吃。

但光吃肉串还不是最过瘾的吃法，最好来一张卷饼或者皮塔饼，把肉卷进去，再配上一些蔬菜，撒上一些酱料，美味到让人吮指。

大口喝酒，大口吃肉，在大多数人眼中，这是好汉们的标配。不过，在希腊几乎满街都是"好汉"。那些看上去文静内敛的少女们，也会狠狠地咬一口苏富拉奇，然后喝一杯葡萄酒。不是少女们太贪吃，而是香喷喷的调料加上新鲜出炉的烤肉，又有谁能抵抗呢？

独具希腊风情的美味
——穆萨嘎

穆萨嘎是希腊极具代表性的食物，由肉末、茄子、土豆、奶酪等做成，口味独特，非常鲜美，深受食客们欢迎。

穆萨嘎的做法也很简单。

首先准备土豆、茄子、洋葱、番茄、牛肉和奶酪，把它们都洗干净之后将水分去净。再把土豆和茄子切片，牛肉和洋葱切末，番茄打成酱。之后把牛肉加洋葱和番茄酱炒熟，把土豆片和茄子摆在烤盘的最下面，把炒好的牛肉酱倒在上面，最后铺上奶酪，放入烤箱。

烤熟之后，就可以尽情地享用了。

　　有些人可能会问，穆萨嘎的做法如此简单，看上去也没有什么特色，为什么会成为希腊的代表性食物？其实，人们之所以如此推崇穆萨嘎，不仅是因为它的味道，还因为它蕴含了希腊的风情。

　　如果你觉得我的说法有夸大之嫌，不妨看一看我与穆萨嘎的"恋爱经过"。

　　那日，我们从卫城博物馆中出来，正午的大太阳照得人又累又饿。山顶没有餐厅，我们只得一边听肚子中响起的交响曲，一边往山下走。

　　等我们找到餐馆的时候，已经累得说不出话来了。满怀笑脸的店主用不正宗的英语安慰我们，并为我们端上一杯清香的葡萄酒。不知是葡萄酒过于清甜，还是店主过于亲切，我们的疲惫竟消失了一大半。

　　没过多久，穆萨嘎上场了。咬上一口穆萨嘎，牛肉汁马上在嘴里爆开。紧接着，外层厚厚的奶酪带来了浓郁的口感，唇齿留香。等我们吃得差不多了，店主又不失时宜地送上了青菜沙拉，以解油腻。此时，旅途中所有的疲惫和不满都被海风带走了。

　　从此，穆萨嘎的滋味便永远地留在了我们心中。与穆萨嘎一起留下的，还有清爽的青菜沙拉、清甜的葡萄酒、店主的口音，以及希腊的风情。

鲜活的美味
——油炸小鱿鱼

靠山吃山靠水吃水，希腊三面环海，拥有超长的海岸线，海产品种类自然也非常丰富。希腊人将各种各样的海鲜捕捞上来，用不同的方法烹制这些海产。样样美味，让人欲罢不能。

油炸小鱿鱼就是其中翘楚。大块的鱿鱼被切成一小块一小块的，在橄榄油中煎炸一番，出锅时就变成了一个个鱿鱼圈，色泽金黄，非常诱人。

这样一道简单的菜肴，不仅外观好看，味道也是让人赞不绝口。

刚出锅的鱿鱼，淋上特别制作的酱汁，入口味道鲜美，让人回味无穷。食客还可以根据自己的口味调蘸料，有谁不会爱上这道菜肴呢？

　　不过，油炸小鱿鱼之所以
如此受欢迎，还因为在这里吃到的
海鲜都是新鲜的。如果有兴趣的话，
还可以跟着出海的渔船去看一看捕鱼的过
程，看一看这道佳肴从头至尾制作的过程，
也是一件很有意思的事情。

　　刚刚还活蹦乱跳的鱿鱼，不一会儿就成了餐桌
上的美味。靠近大海，就是有这样的便利，如果是爱吃
海鲜的人来到这里，那一定会挪不动自己的步伐了。

　　海边的餐厅里，来来往往的食客络绎不绝，直至深夜，忙碌了一天的餐厅才算安静下来。
希腊人是最会享受的，在这样优美的环境里，品尝着美味的海鲜，再喝一点小酒，生活如此
的惬意。

名字像甜点的拼盘

——莓兹

乍一看，这道菜并没有什么特色，你很容易就会错过，但如果有机会品尝一下的话，你就会被它深深地吸引。

这是一道很特别的拼盘，汇集的都是希腊的特色菜，热菜凉菜都有，还有一些平时不常见的小菜，吃起来非常清爽，别有一番风味。

这道菜深受当地人喜爱，当地人对"吃"的要求比较高，想要菜品丰富、营养充足，莓兹是最好的选择。

在这样一道菜肴里面，你能品尝到不同的希腊风味。对吃不惯希腊的食物但又忍不住想要品尝一下的游客来说，莓兹不能错过。

在希腊的餐厅里，点上一份莓兹，来一杯茴香酒或者当地的葡萄酒，再听一听广播。这样的生活，再惬意不过了。

接地气的国菜
——乡村沙拉

希腊的沙拉可以算是国菜了，随处都可以见到这种做法简便又有营养的食物。

西方许多的国家都有沙拉这种食物，做法不尽相同，为了避免混淆，一般称地道的希腊沙拉为乡村沙拉。

它的做法与中国的凉拌菜有些类似，把小黄瓜、青椒、洋葱、番茄等切片，加调料拌好。当然，它也有自己的特色，即会加入一些希腊特有的腌菜，还会用当地的橄榄油来调味。

不过最特别的是，希腊人会在乡村沙拉中加入一块希腊特有的白色羊奶干酪，最后浇上醋汁，撒上孜然，别具风情。

这道菜制作方法简单，加上雅典气候和土地都很适宜蔬菜的生长，新鲜的蔬果吸满了阳光，口感香脆鲜甜，所以很受大家的喜爱。

来到雅典，这道看起来普通但很受好评的食物是一定要品尝的。在这道普通的食物里，你能找到希腊真正的味道。

来自雅典的羊肉烧烤

雅典人很爱吃烧烤，可能是因为生活在海边，环境比较潮湿，烧烤已经成为他们生活中必不可少的一道菜肴。

提到烧烤，当然少不了肉类，雅典的当地人是非常爱吃肉的，尤其是鲜嫩的羊肉，几乎已经成了他们生活中的必需品。

和我们常见的烤羊肉方式不同，雅典当地的人是把羊肉切成一小片一小片的，插到铁钎上再放到无烟的火上烤。薄薄的肉片很快就烤熟了，入口鲜嫩，不油腻也没有很大的羊膻味，很美味。

在有些游客看来，雅典的羊肉烧烤可以展现出雅典人精致的一面。因为很多地方的烤肉都是把大块的肉串起来熏烤，似乎是没有耐心将羊肉切成小片。对那些食量小的食客来说，这样的烤肉虽然实惠，却没什么吃相，又容易浪费。

在这一方面，雅典的烤肉做得要好多了，它们深知"包装"的重要。于是在游客眼中，它们与这座城市的风景一样，成了让人难以忘怀的回忆。

实际上，雅典的烤肉之所以如此小块，是因为雅典人的急性子。因为大块的羊肉在烤制前，都需要把肉腌制一段时间使其入味，而这腌制的时间不会太短。

如果饿了，现在就要吃羊肉烧烤，怎么办？那就将羊肉切成小块吧！本是为了节省时间的无奈之举，竟成就了一道美味。雅典的羊肉烧烤，不仅烤制的时间短，而且羊肉也更加鲜嫩。再加上一些希腊风味的调料或酱汁，自然让人难以忘怀。

雅典人生活的一部分
——茴香酒

地中海的很多国家都有以茴香为基础的利口酒，并且每个地区都有自己不同的特色。对很多游客来说，茴香酒是难以下咽的。很多人抿上一小口，都需要一杯甚至一壶水来冲下肚。

希腊人很爱喝烈酒。

除了早餐之外，他们几乎每一餐都要喝酒，希腊人似乎很享受茴香酒带给他们的感受，这已经成为他们生活中的一部分。

有一种茴香酒是由茴香泡制的白兰地，酒中散发着茴香的香气，它是希腊的特色，浓度比较高。要是你贸贸然喝这种酒，可能会"一杯倒"。

这种酒一般人是不敢尝试的，就算是希腊人喝这种酒，也会是三分水两分酒，因为他们讨厌喝醉的感觉以及酒后意识不清的样子。

除此之外，还有一种酒精浓度较低的茴香酒，它是用茴香油和酒配制而成的，酒精度不高但口味浓烈，如果想要喝下去，也需要很大的勇气。不过这种茴香酒更容易被大众接受，因为不容易喝醉，会在味觉上给人很大的刺激。

说不定喝了这杯地道的茴香酒，还能多吃几道希腊的美食佳肴呢。

这是雅典的味道，是希腊人自己酿造的属于他们的独特的味道。喝了茴香酒，你才知道希腊人到底是什么样的。希腊人就像这茴香酒一样，地道醇厚，散发着自己独特的香气。

坐在雅典的海边，看着美丽的风景，吹着温柔的地中海海风，和雅典的当地人围坐一桌，尝一尝他们自己酿造的茴香酒，听一听他们的故事，感觉自己也融入到他们的生活当中，成为一个希腊人了。